誤解だらけの明智光秀

本郷和人

マガジンハウス

誤解？　それともウソ？

嫌われ者が、ある日突然ヒーローになったり。逆にヒーローが嫌われ者になったり。歴史上の人物に対する評価や人気は、その時々の社会状況によって変化します。

たとえば、現代で一番人気のある戦国武将といえば、織田信長でしょう。戦後の経済成長期から何度も大河ドラマに登場してきましたが、最近では、戦国もののゲームやアニメのキャラクターとしても大人気。より幅広い層から、「戦国の革命児」「奇抜で斬新な発想力を持つアイデアマン」として、絶大な人気を集めています。

幕末くらいまで、その残虐性で「怖ろしい暴君」として扱われていたことはご存じですか。それを思えば、大変なイメチェンです。

では、その信長を「本能寺の変」で討《う》った明智光秀はどうでしょう？

知名度も、戦国武将としての能力も、決して他の武将たちにひけをとらないのに、人気はイマイチ。戦国武将の人気ランキングでもトップ5以上には上がっていません。

人気ナンバー1の織田信長を殺した謀反人であり、裏切り者なわけですから仕方ないのかもしれませんが、戦国時代において裏切りや謀反なんて、珍しくもありません。織田信長や豊臣秀吉だって、平気な顔で裏切りや虐殺を繰り返していました。なのに、光秀よりずっと人気者です。

別に、明智光秀を擁護《ようご》したいわけではありません。

そもそも、歴史研究者が個人的な好き嫌いだけで歴史を語るなどということは、基本的にはあってはならないのです。

ただ、光秀はこれまでにもかなり誤解・曲解されてきた気がします。二〇二〇年のNHK大河ドラマ『麒麟《きりん》がくる』の影響で、明智光秀への注目度がどんどん高まるなか、さらに「あらぬ誤解」が増えているようで、少々気がかりです。そこで、少なくとも突拍子もない誤解だけは解いておきたいと思います。

歴史は、時としてウソをつきます。

正確にいえば、歴史を知るための史料には、ウソが混じっています。

本書では、「史料を正しく読む」ことを通して、明智光秀という人間の人生について考えてみたいと思いますので、どうぞ最後までおつき合いください。

ウソが歴史をゆがめる

まずは自己紹介をさせていただきます。

私は、東京大学史料編纂所の本郷和人といいます。

私は子どもの頃から日本史が大好きでした。日本史関連の本を読んでいると、こんな人生って本当にあるんだ、と思うような人物がたくさん登場します。

彼らの人生はとてもドラマチックで、おとぎばなしのようにメデタシメデタシとなるわけではありません。頑張って出世しても、仲間に裏切られたり、「人質を出せ」と言われたり、とにかく、死ぬまで何が起こるかわかりません。そんな波乱に満ちた人生を、最初から最期まですべて見届けられるのが面白くて、気づけばいつも一人ポツンと本を読みふけっているような、要するに、日本史のオタク少年だったわけです。

大人になり、日本史をなりわいとする歴史研究者になった今も、やっていることはそれほど大きく変わりません。ただし、当然のことながら、子どもの頃のように、ただのんきに日本史を楽しんでいるわけではありません。

私が働く東京大学史料編纂所は、日本にたくさん残っている古文書や古記録といった「史料」の調査・収集・分析を行い、後世に残すべき日本史の基幹史料を編纂している研究所です。いわば、日本の歴史をつむぐ中枢です。

では、**歴史とは何かというと、「たくさんの史料の中から事実を拾い集め、わかりやすいよう筋道を立てて並べたもの」**です。「わかりやすい筋道がある」という意味では物語と似ていますが、**「歴史」と「文芸作家がつむぐ作品」とは、まったく別物**です。

歴史の場合、先ほどお話ししたように「史料の中にはウソが混じっているかも」ということをきちんとふまえた上で「史料を正しく読む」ということが重要です。

そうでないと、**歴史がゆがんでしまう**からです。

ですから、歴史学者や研究者にはウソを見破る力が必要だし、自分の勝手な先入観を持ち込んではならない。史料を深く読み込むには幅広い学識・見識も必要だし、科学者のように、冷静に、緻密にウラを取る力が必要です。ところが、自戒の意味も込めてあえて言わせていただくと、それができない歴史学者が案外多い。巷《ちまた》にあふれる有象無象の情報に惑わされないよう、そこのところもぜひ覚えておいてくださいね。

※史料：史料とは、過去に存在した事象を把握し、筋道を立てるのに役立つ材料のこと。考古学で扱われるような遺構、遺物、遺跡、それから絵画、写真なども含まれますが、本書では主に紙に文字で書き記した文献のことを、史料と呼ぶことにします。

光秀を巡る物語を疑ってみよう

明智光秀は、なぜ、主君である織田信長を討ったのか。

この、「本能寺の変」にまつわる謎は、日本史上最大の謎の一つとされています。

これまでにも多くの歴史学者や研究者がさまざまな説を発表してきましたが、「誰もが納得するような光秀の動機」については、いまだに明らかになっていません。

明智光秀を語るとき、「本能寺の変」を避けて通るわけにはいきませんから、本書でも最終章で主な説についてたっぷり解説させていただきます。

しかし、本書の目的は、本能寺の変の謎解き本をすることではありません。

明智光秀を巡るさまざまな誤解を解いていきながら、日本史の面白さをたくさん発見し、楽しんでいただきたいのです。

「事実は小説より奇なり」とはよく言ったもので、歴史上の事実はフィクションとはまた別の興味深い話が満載です。明智光秀の人生を追っていくと、当時の社会がどんなものだったかもわかりますし、歴史というものをより大きな視点で楽しんでいただけるはずです。

そこでまず、既存の物語や説を徹底的に疑ってかかることから始めましょう。

重要なのは、その史料を「いつ、誰が、何のため書いたか」ということです。

少なくとも本能寺の変から数十年以上の後に書かれたものは、関係者以外の人が書いた〝物語〟である可能性が高いと言えます。

また、本能寺の変の前後に書かれたものであっても、誰が書いたかでその内容の信《しん》憑《ぴょう》性は変わってきます。信長や光秀の関係者はもちろん、信長に幕府を潰《つぶ》された足利家や朝廷の関係者にとって、「信長亡き後、誰が天下を取るのか」「自分たちはどうなってしまうのか」ということが、重大問題だったに違いありません。となると、彼らが残した軍記や日記、手紙には、「自分たちに都合のよいこと」しか書かれていない可能性が十分にあります。

あなただって、もしもパートナーに内緒で浮気をしていたとしたら、その詳細を日記に書きますか？　たとえパートナーに読まれてもバレないように、「仕事で遅くなった」などと適当なウソを書いたりしないでしょうか？

光秀はどう生きたのか？

実は、明智光秀に関しては、その人生の足跡をたどれる「良質な史料」が、あまり多く残されていません。

光秀の名が歴史の表舞台に初めて登場するのは、信長と出会ってからです。このとき、光秀は四十歳くらい。人生五十年と言われた時代のことですから、もうすっかり中年も過ぎたオジサンです。それまでどこで何をしていたのか、そもそも、いつ、どこで生まれたのか、出自や経歴を示す「良質な史料」は、現時点では皆無です。

となると、ちょっとイジワルな言い方ですが、少なくとも四十歳までの光秀は、「どこの馬の骨ともわからない、名もなき下級武士」であったと考えるのが妥当でしょう。

要するに、光秀に関する記述のある「良質な史料」が残されているのは、ここから本能寺の変を起こすまでの、わずか十余年だけなのです。

ですから、書籍やテレビ、ネットなどで「いつ、どこで生まれた」とか、「親は誰それだ」といった話が出てきたら鵜呑《うの》みにせず、「あやしいぞ」と疑ってみましょう。

さて、信長と出会ってからの光秀は、「これほどの人がなぜ、頭角を現さなかったのかな」と思うほど優秀な能力を発揮して大抜擢され、異例のスピードで出世街道を駆け上がっていきます。

ところが、信長という人は徹底した実力主義者であると同時に、平気で理不尽な要求や指令を出す、とんでもない暴君でした。現代でいえば、ブラック企業のワンマン社長のようなものです。

せっかく新規事業の立ち上げに成功し、苦労して獲得した取引先との交渉にも成功したのに、ある日突然「その取引先を切れ！」と命令されたり、「あそこの土地が欲しいから、住民をまるごと殺してしまえ！」と命令されるなんてことも日常茶飯事です。

刃向かったり、失敗したりすれば、自分が殺されてしまうかもしれない。

常に、「出世か、死か」という極限状態にさらされていた光秀は、一つ一つの局面をどう乗り越えたのか。

そうまでして信長のために働き続けていたのはなぜか。

そんなことを考えながら明智光秀の人生を追っていくと、当時の社会がどんなものだったか、その姿や仕組みまで、ありありと見えてきます。

ただし、現代人の常識や考え方で明智光秀や当時の社会を理解しようとすると、どんどん真実から遠ざかっていく可能性があります。

いったんこれまでの常識や先入観を捨て、子どもの頃に返った気分で「なぜ、こんなことをするんだろう」「なぜ、こうなるんだろう」と考えてみてください。

さあ、頭をやわらかくして、いっしょに明智光秀の人生を追っていきましょう。

本書が一人でも多くの方の「日本史の楽しさを再確認するきっかけ」になれば幸いです。

誤解だらけの明智光秀 ✿ 目次

第1章 出自の謎

第2章 空白の十年の謎

光秀、放浪する！ 46

第3章 転機の謎

第4章 出世の謎

第5章 本能寺の変の謎

第１章　出自の謎

光秀が生まれた戦国の世とは？

時は戦国。ところは東美濃《ひがしみの》。今でいう岐阜県の東南部の静かな山あいには、地元の有力武士たちが築いた山城《やまじろ》が点在していました。

室町幕府の力が弱まって以来、独自の力で国を統治する「戦国大名」が台頭するようになり、領地を奪い合う戦乱が繰り広げられてきましたが、かといって、全国各地で毎日戦争をしていたか、というと、そうでもありません。

ここ東美濃には、比較的平和な時が流れ、武士の子どもたちは、田んぼ道を走りまわったり、お寺のお坊さんに学問を習いに行ったりしていました。

ひとくちに戦国大名といっても、その成り立ちはさまざま。幕府からお墨付きをもらって各国を支配していた「守護大名」がさらに力をつけて「戦国大名」になるケースもあれば、各国の実力者が下克上によって「守護大名」を倒し、「戦国大名」になるケースもあります。

美濃国の場合は後者です。

清和源氏《せいわげんじ》の流れをくむ名門・土岐《とき》一族が代々守護大名を務めていましたが、幕府の弱体化とともに、やる気を失って身内でもめ始めました。

そんなときです。油売りから成り上がった男の息子、斎藤道三《どうさん》が巧みに土岐一族から実権を奪っていき、美濃の戦国大名の座にまんまと君臨。いわゆる、下克上というヤツです。

このとき、どこの国にも「国人《こくじん》」と呼ばれる有力武士たちがいて、それぞれが自分の領地の武力と経済を治める領主（国人領主）となっています。

つまり、彼らを家来に取り込めるかどうかが、国を平和に治めるための重要な鍵。

なのに、大名になった斎藤道三は、傍若無人なため嫌われまくりです。

斎藤道三が息子の義龍《よしたつ》と対立したときも、大半の国人が息子に味方したため、とうとう討ち死にしてしまいます。道三に味方した国人とその家来たちも、殺されるか、住み慣れた美濃を追われて「牢人《ろうにん》（浪人）」となりました。

戦国時代は、このような牢人たちが急増した時代。

となると、明智光秀も、その一人……だったのでしょうか。

明智光秀は、生まれたときから「明智」だったのか？

明智光秀の出自については、諸説さまざまです。しかし、その根拠のほとんどは本能寺の変の後に書かれたもので、良質な史料とはいえません。むしろ明智光秀の人生や人間像をわかりにくくし、さまざまな誤解のもととなっています。

しかし、手がかりがゼロというわけではありません。

●名前は明智光秀である。
●どうも、美濃の出身らしい。
●四十歳くらいまで、下級の武士だった。
●教養があって、なぜか医学の知識もあるらしい。
●奥さんは、妻木《つまき》の出身らしい。

まず、考えてみたいのは「明智光秀という名前」についてです。

「美濃の出身らしい」とわかっているわけですから、普通に考えれば「明智という名前が多い地域はないか」「明智という地名はないか」と考えることができます。

しかし、そもそも明智光秀は、生まれたときから「明智」だったのでしょうか？

たとえば、織田信長の重臣で光秀のライバルだった豊臣秀吉は、木下藤吉郎→羽柴秀吉→藤原秀吉→豊臣秀吉と、まるで出世魚のように出世のたびに次々と自らその名を変えていきました。

「羽柴」という名は、長年にわたって信長に信頼されてきた「柴田勝家」と「丹羽長秀」にあやかろうと、その家名から一文字ずつもらって自分で作ったオリジナルだという有名なエピソードもあります。低い身分から成り上がった秀吉としては、「出世したんだから、それにふさわしい名前が欲しい！」と思ったのでしょう。

改名を何度も繰り返した武将といえば、小説の中の斎藤道三も有名です。道三にとって改名は、最終的に戦国大名の座を勝ち取るための道具にすぎません。松波庄九郎→西村勘九郎正利→長井新九郎規秀→斎藤新九郎利政→斎藤道三と、有力な武士の一族に忍び寄っては、名跡を奪い取っています。ただし、これらの下克上による改名は、道三が父親と親子二代にわたって行ったという説が今は有力です。

さて、このように次々と改名するというのは、武士の世界ではレアケースです。なぜなら、武士にとっては「家」を守り、「家名」を代々存続させることが、何よりも重要なことでした。それは、武士の成り立ちを見ればわかります。

武士とは本来、「在地領主」のことです。

在地領主は、先祖が開拓した土地を受け継ぎ、維持していくため、ときには農民たちの先頭に立って領地内の農地を耕し、灌漑《かんがい》設備や下人の住む住居などといったインフラも整えていました。そして、領地に外敵が襲ってくれば武力で対抗します。つまり、生産・経済・軍事のすべてを一元管理する存在だったのです。

「家」とは、必死で守った土地を代々存続させていくための家族システムです。

ここで一つ重大な問題があります。

家を存続させるには、跡継ぎが必要です。ところが、明治になって医療体制が整うまでの日本は、乳幼児の死亡率が非常に高く、生まれた子どもの多くが五歳くらいまでに原因不明の病気や疫病で亡くなっていました。たとえ元服まで生き延びても、いつ戦で死んでしまうかわかりません。

そこで、正室のほかにも側室をたくさん抱え、「跡継ぎ予備軍」をつくるわけですが、それでも跡継ぎがいなくなった場合、「養子」を取ります。

もちろん、できれば自分の子どもに跡継ぎになってほしいところですが、「血」より「家」。「家」さえ存続できれば、よかったのです。

実際、江戸時代には大名家が三百ほどありましたが、江戸のはじめから終わりまで、血縁だけでつながっていた家など、数えるほどしかありません。

家を存続させるということは、家名を存続させるということです。よほどのことがない限り、秀吉や道三のように簡単に改名するとは考えられません。「明智」を名乗っている以上、たとえ養子だったとしても、光秀は明智家の人間だと考えるのが自然でしょう。

武士にとって重要なのは、「血」より「家」、養子だったとしても、明智家の者と考えていい。

本当に美濃土岐家の出身か？

ほとんどの歴史学者や研究者が「これだけは、確かだろう」と思っていること。それは、「明智光秀は美濃の出身だ」ということです。

その根拠としてよく知られているのは、信長と朝廷の連絡係だったとされる立入《たてり》宗《むね》継《つぐ》の覚書『立入左京亮《さきょうのすけ》入道《にゅうどう》隆佐記《りゅうさき》』で、光秀について以下のように書いています。

「美濃国住人、ときの随分衆也」（美濃国出身の、土岐《とき》家の位の高い人）

また、神奈川の時宗《じしゅう》総本山遊行寺《ゆぎょうじ》の住職、同念《どうねん》上人が関西を巡ったときの記録『遊行三十一祖京畿《けいき》御修行記《ごしゅぎょうき》』にも、以下のような記述があります。

「惟任《これとう》方もと明智十兵衛尉といひて、濃州土岐一家牢人たりしが…」

（今は惟任といっているけれど、明智十兵衛尉といって美濃土岐一家の牢人だった）

この二つの史料に共通するのは、明智光秀と同時代に生きていた人物が、本能寺の変以前に書いたものだということです。江戸時代以降に書かれた著者不明の『明智軍記』や、同じく江戸時代以降に作成されたさまざまな家系図よりは、かなり信頼性が高い史料といえます。

「美濃国住人」というだけでなく、わざわざ「土岐家」の人間だと書かれているというということに、どんな意味があるのでしょう？

実は、「光秀の人生」や「本能寺の変の謎」について考えていく上で、この「土岐」というキーワードが大きく影響してきます。そこで、「土岐」とはどんな一族なのか、簡単にご紹介しておきましょう。

「土岐氏」は、清和源氏の流れをくむ武家の名門です。源頼光《みなもとのよりみつ》の子孫が美濃の土岐に館《やかた》をかまえ、土地の名から「土岐氏」と名乗ったのが始まりとされ、南北朝時代から戦国時代にかけて美濃の守護大名を代々務めていました。

土岐氏は美濃を基盤として繁栄したわけですが、室町幕府の幕閣の一角を担うなどして、最盛期には尾張と伊勢の守護大名も兼務しました。その間、濃尾《のうび》平野一帯に百以上もの分家を出したとされています。

その庶流《しょりゅう》のひとつに「土岐明智家」がありました。

ちなみに、浅井長政《あざいながまさ》や忠臣蔵の浅野内匠頭《あさのたくみのかみ》、さらに坂本龍馬も、土岐氏の支流だといわれています。

しかし、大きくなりすぎた大名の宿命なのか、やがて内紛が絶えなくなって衰退していきました。戦国の終わり頃には、美濃全土を巻き込む内乱が起き、最終的に守護大名の座を奪われ、美濃を追われてしまいました。

このとき美濃の戦国大名の座についたのが、斎藤氏。そう、前項でご紹介した、あの斎藤道三です。

一方、土岐氏の庶流だった土岐明智家は、仕方なく戦国大名・斎藤道三の傘下に入ってなんとか美濃で生き延びました。

ところが、道三が息子・斎藤義龍と対立して殺されると、道三に味方した土岐明智家も義龍の攻撃を受け、美濃を追われて離散したといわれています。

ここで重要なのは、土岐氏は最終的に美濃を追われたものの、もともと足利将軍家の幕閣の一人だったということです。このことが、のちに多くの研究者に注目され、光秀は美濃の出身であることは、おそらく間違いない。
しかし、土岐氏の庶流であるという
決定的な史料は、今のところない。

「明智光秀は、十五代将軍・足利義昭《よしあき》と昔からつながりがあったのではないか」「明智光秀が本能寺の変を起こした背景には、幕府の復活を狙う足利義昭がいたのではないか」といった「足利義昭陰謀説」を生んでいます。

逆に、「光秀が土岐氏の庶流であることを示す史料は、本能寺の変の後に何者かによって改ざんされたのではないか」「そもそも光秀が土岐氏の庶流だというのは、ウソではないか」という説もあります。

このように、土岐という名前が、「本能寺の変の謎」にまつわるさまざまな憶測や説を生む火種となっています。しかし、その真相はまだ見えていません。

美濃国のどのあたりで生まれたか？

光秀は美濃国のどのあたりで生まれたのでしょう？

美濃国は現在の岐阜県の中・南部地域にあたり、その地形の違いから、大きく東濃《とうのう》エリアと西濃《せいのう》エリアに分けられます。

東濃は、飛騨や信濃の山々へとつながる山岳地帯。西濃は、伊勢湾へと流れる木曽三川が作り出した広大な濃尾平野が広がる平地で、江戸時代になって木曽川東岸に御囲《おかこい》堤《つつみ》が築かれるまで、たびたび水害に悩まされていました。

古くは、武士たちは、東濃の山岳地帯に拠点を置いていました。

中国やヨーロッパなどの大陸では、広い平地に城を築き、そのまわりを城壁で囲んで敵から城と領民を守っていました。しかし、山地や盆地、平野など、多様な地形を持つ日本には、城壁を築くという概念がもともとありません。

そこで、美濃に限らず、あえて険しい山中を選んで山城を築き、地形そのものを難攻不落の防御施設として活用していました。

防衛の本拠となる本丸からふもとまでの間に二の丸、三の丸といった複数の平地を作って兵を置き、山系全体を防衛施設にしたものも多く見られます。

とはいえ、やはり山城は居住や物流には不便なため、建築技術の進歩とともに、城の主流は山城から平山城《ひらやまじろ》、平城《ひらじろ》へと移り変わっていきました。そして、江戸城のように平地に城郭を築いて堀と石垣で取り囲むようになっていったわけです。

戦国時代はまだまだ山城が主流だった頃です。明智光秀も東濃の山城で生まれ育ったと考えるのが妥当でしょう。


戦国時代の武士たちは、山岳地帯に集結していた。

光秀も、「東濃」の山城で生まれた可能性が高い。

二つの明智城のうちのどちらかに住んでいたのか？

東濃には、「明智（明知）城」と呼ばれる山城跡が二つあります。

明智城　長山城とも呼ばれる（現・岐阜県可児《かに》市瀬田長山）

・一三四二年、土岐光衡《みつひら》の流れをくむ明智二郎頼兼《よりかね》が築いたとされる。

・かつて明智荘と呼ばれる荘園があったとされる。

明知城　白鷹《しらたか》城とも呼ばれる（現・岐阜県恵那《えな》市明智町城山）

・一二四七年、明知遠山氏の祖・遠山景重《かげしげ》が築いたとされる。

　つまり、土岐氏の庶流ではない。

・城内に、光秀産湯の井、光秀学問所跡とされる神社などがある。

しかし、この他にも明智光秀が生まれたとされる以下の二つの山城跡が存在します。

多羅《たら》城（現・岐阜県大垣市）

・「明智氏一族宮城家相伝系図書《みやぎかそうでんけいとしょ》」では、光秀は一五二八年に「多羅城」に生まれたとされている。

大桑《おおが》城（現・岐阜県山県《やまがた》市）

・光秀は土岐頼遠の子孫であり、中洞《なかほら》（山県市）で生まれ、東濃の明智家の養子になったとされる。

いずれも山城ではあるものの、根拠となる史料はすべて江戸以降に書かれたもので、信頼できるものとは言えません。逆にいえば、どれがホンモノだったとしてもおかしくないとも言えるのです。

明智が生まれたという伝承が残っている城は、少なくとも四つあるが、いずれも根拠は不十分。

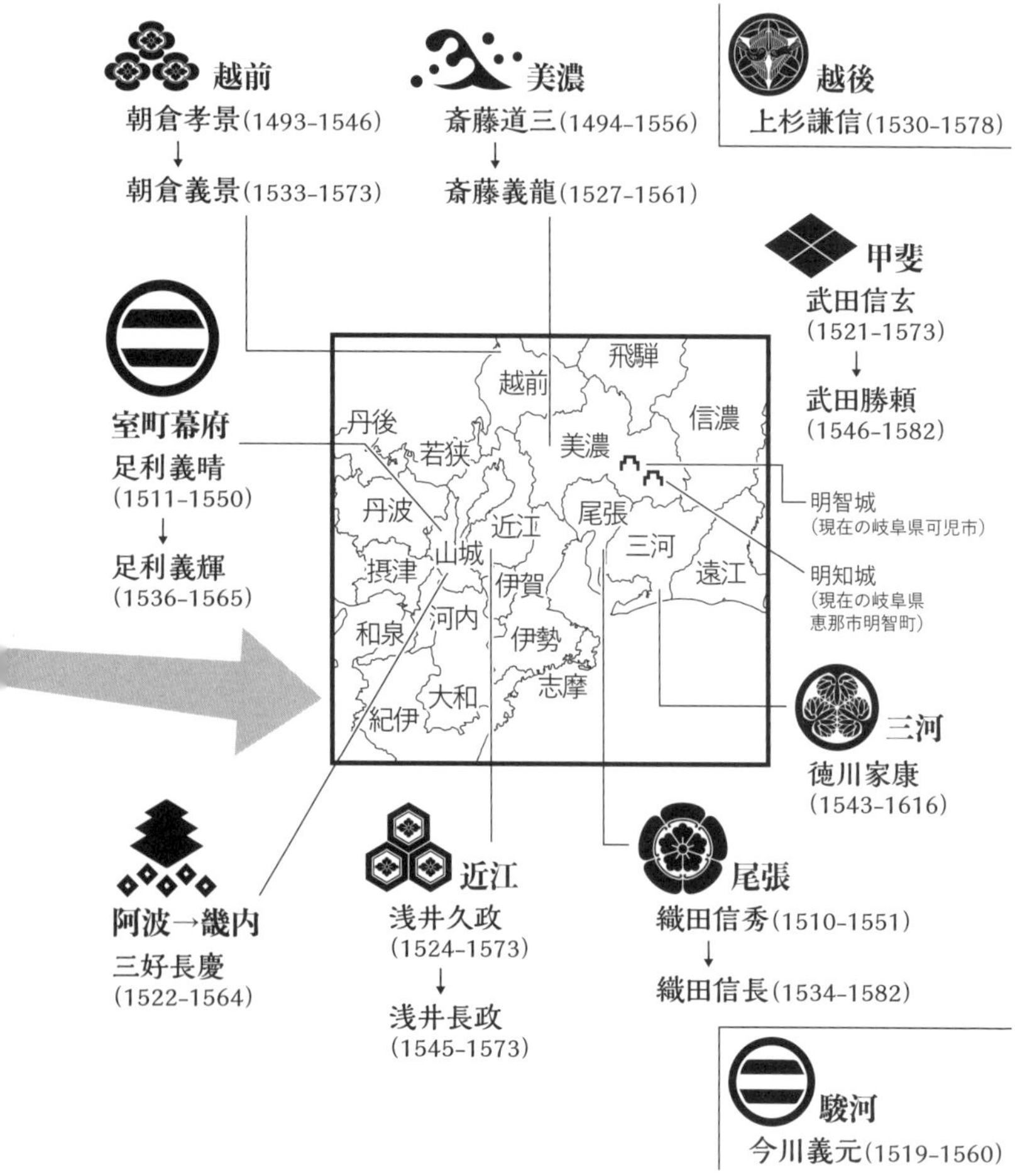

時は「応仁の乱」後の室町時代。幕府の権威が低下し、
守護大名に代わり、各地に戦国大名が台頭してきていた。

光秀、謎の青年期には戦国武将が各地で台頭！

畿内とは、古代の律令制における行政区分のうち、朝廷周辺の国々を指す。山城（京都）・摂津（大阪・北西部および兵庫・東部）・河内（大阪・南東部）・大和（奈良）・和泉（大阪・南部）の5か国で五畿とも呼ばれる。

少年・光秀は山城でどんな暮らしをしていたか？

来る日も来る日も戦に明け暮れているイメージのある戦国時代。

しかし、戦国時代を生き抜いていくには、政治、経済、治世、軍事、外交など、幅広い知識と教養が必要でした。

そこで武士の子どもたちは寺に通ったり、寺から僧侶に出張してもらったりして、まだ幼い頃から学びはじめます。

光秀は、京都を往来する武士たちのマナー本『明智家中法度《かちゅうはっと》』を書いたかと思えば、連歌会を開いたりと、高いレベルの知識人・教養人だったようですから、子どもの頃から中国の古典『四書五経《ししょごきょう》』などを音読して丸暗記していたかもしれません。

さて、光秀が生まれ育ったと言われる山城は、江戸時代的な城郭のイメージとは違い、奥深い山の中に造られた館のような城です。

東濃は木曽川水系の湧き水が豊富で、少し山奥に入れば滝や谷川があり、ふもとに近い丘陵地に降りれば、美しい棚田が広がっているところもあります。

こうした美しい東濃の山も、いざ戦となれば地形を活かした防衛施設の役割を果たしたり、東濃攻略の拠点となったりします。

平和なときに山中を駆け回ってのびのびと遊ぶことも、山の地形を覚える大切なトレーニングです。学問所に通い、武芸を磨くだけでなく、自然からも学ばなければいけないわけですから、山城に住む子どもたちは、忙しい毎日だったのかもしれません。

教養を身につけるため、学問所に通い、『四書五経』などの中国の古典に親しんでいた!?

享年は55歳、67歳、それとも42歳？

生年が明らかになっていない場合、享年、つまり亡くなったときの年齢や、肖像画の印象などから逆算して、おおよその生年を推測するしかありません。

現在出ている主な説は、以下の二つです。

①享年55歳（数え）＝生年一五二八年説

『明智軍記』に記載された光秀の辞世の句「順逆無二門　大道徹心源　五十五年夢　覚来帰一元」（順序正しい道もその逆の道も、同じ一本の道。五十五年の夢から覚めれば、私も一元に帰するのみ）より。

②享年67歳（数え）＝生年一五一六年説

『当代記《とうだいき》』の「時に明知（智）歳六十七」という記述より。

一般的には、①の一五二八年説を採用しているケースが多いようですが、『明智軍記』は江戸時代に書かれた〝物語〟ですから、信憑性は劣ります。

ただ、もし②の一五一六年説を採用すると、信長と初めて出会ったとき、光秀はすでに五十代半ばだったということになります。信長と出会ってからのフットワークの良さや、光秀の肖像画から考えると、かなり無理があるのではないでしょうか。信長の重臣で一番若い秀吉は一五三七年、最年長の柴田勝家は一五二二年生まれです。

最近では、一五四〇年以降に生まれたという説も登場していますが、もし、これが本当なら、信長より六歳、秀吉より三歳以上若かったことになります。他の重臣たちとの人間関係を考えても、やはり柴田勝家と秀吉のちょうど間くらい、つまり①の一五二八年生まれというのが、妥当なのかもしれません。

今後の話を説明しやすくするため、本書では、仮に一五二八年生まれ説を採用！

光秀は顔より心で結婚するフェミニストだった？

松尾芭蕉の句「月さびよ　明智が妻の　咄《はなし》せむ」をご存じの方も多いでしょう。美濃を追われ、ようやく朝倉義景《よしかげ》に仕えることになった光秀は、連歌会を催すことになった。けれど、貧しくて酒宴の準備に苦労している光秀を見かねて、光秀の奥さんが自分の黒髪を売って費用を工面した。この句は、その話を聞いた松尾芭蕉が詠んだとされています。

光秀の妻・熙子《ひろこ》については、光秀と同様に謎が多く『明智軍記』に書かれた内容がそのまま転記されたものか、脚色されて伝わったものがほとんどですが、長年うだつが上がらなかった光秀のそばにいて、ずっと支えてきたことは確かです。二人が仲のいい夫婦だったことだけは、信じてあげてもいいでしょう。

奥さんは、妻木出身の熙子さん。同じ土岐一族だった！

それより注目したいのは、熙子さんがどこの出身か？　ということです。信頼できる史料として知られる細川家の家史『綿考輯録《めんこうしゅうろく》』（通称『細川家記』）によれば、奥さんの父親は、妻木勘解由左衛門範熙《かげゆざえもんのりひろ》。美濃には土岐氏の流れをくむ妻木城という城があり、その城主の一族だったことは間違いなさそうです。つまり奥さんも土岐一族だったわけです。

伝説によれば、熙子は美人でしたが結婚前に疱瘡《ほうそう》をわずらい、顔に傷が残ってしまったとのこと。そこで「代わりに美しい妹と結婚してください」と言うのですが、光秀は「あなたの顔を好きになったのではない。あなたと結婚したい」と言って結婚します。二人の間には三男四女が生まれましたが、一五七六年、丹波《たんば》攻略の疲労のためか光秀が病にかかり、熙子さんはその看病疲れがもとで、病死したとされています。

信長と光秀をつなぐ、謎の美女がいた！

信頼性の高い史料『多聞院日記《たもんいんにっき》』の天正九年（一五八一年）八月の記述に、以下のようなものがあります。

「八月、光秀の妹である御《お》ツマキが亡くなった。信長がとても気に入っていた人だった。光秀は、比類なきほど力を落としていた」

この「光秀の妹」は、光秀の奥さん・熙子さんの妹だと言われています。つまり、亡くなったのは実の妹ではなく、義理の妹でした。にもかかわらず、比類なきほど力を落とすというのは、少々オーバーなのではないでしょうか？

この女性は、織田信長の使者として奈良へ出向き、興福寺と東大寺の調停役を務めたという記録もあります。信長から強く信頼された、非常にデキル女性だったということでしょうか。

「本能寺の変」の一年前、光秀は織田信長に取り立てられたことを感謝し、褒め称える手紙を書いています。ところが、その二カ月後に御ツマキさんが亡くなり、光秀は比類なきほど力を落としました。そして、その十カ月後に信長を討ったわけです。

もしかすると、御ツマキさんは、怒りっぽい信長を「まあまあ、そう怒らずに」と上手になだめ、光秀との仲をうまく取り持っていたのかもしれません。その御ツマキさんの死が、信長と光秀の関係悪化を決定的にしたのかもしれません。彼女が生きていたら、「本能寺の変」は起こらなかったのでは、という説もあるくらいです。

妻の妹、御ツマキは、信長にとって特別な人だった。
その死で、信長と光秀をつなぐ太いパイプが
断たれてしまったのかもしれない。

光秀をめぐる人間関係が複雑すぎる！

明智光秀の人生を見ていくと、案外狭い世界で生きていたんだな、かなり面倒臭い人間関係の中で生きていたんだな、と思うことがよくあります。

●光秀と妻の熙子さんは、同じ一族の出身だ。
●光秀の奥さんの妹は、織田信長の愛する人だ。
●斎藤道三の妻は、光秀のオバサンだ。
●信長の正室・濃姫《のうひめ》は、斎藤道三の娘だ。
●とすると、濃姫と光秀は従兄弟だ。

これらはそれなりの信憑性がある話ですが、光秀のような謎が多い人物の場合、かなり荒唐無稽な説も数多く存在します。たとえば、光秀と将軍家にまつわる御落胤《ごらくいん》説。

複雑な人間関係の中に、
光秀の人生を知る鍵がある。

「一五六五年、三好三人衆が京都二条御所を襲撃し、十三代将軍・足利義輝《よしてる》が殺害されたとき、逃げ延びた奉公衆のひとり、進士藤延《しんじふじのぶ》こそ、実は明智光秀だった。藤延の妹は、足利義輝の子どもを身ごもっていた。藤延はその妹を連れて美濃へ行き、生まれた子どもを長男・光慶《みつよし》として育てた」というものです。これは、「足利将軍家と光秀には、きっと深い関係があるに違いない」という思い込みが作り出した伝説とも言えるでしょう。

生きていると、自分でも気付かないところで意外な人とつながってた、ということはあります。信長の正室・濃姫と光秀が従兄弟だというのも、光秀自身が気付いていなかった可能性があります。東美濃の山奥で生まれた少年・光秀は、複雑で面倒臭い人間関係と他人の思惑にもまれ、想像を超える人生を歩くことになっていきます。

光秀の出自は・・・

さまざまな史料と当時の社会状況を考えると
「東美濃のそれなりの武士の子どもとして生まれた」ことは間違いない。
また、実は他家に生まれ「明智」に改名したとする説もあるが、
明智一族は戦乱により美濃を追われて「牢人」の身分になったことから、
明智家に改名する、あるいは明智に改名するほどの合理的なメリットはない。
以上のことから、光秀は東濃に山城を構える「明智一族」の子どもであった
とごくごく普通に考えるのがもっとも自然である。

第2章 空白の十年の謎

光秀、放浪する！

光秀が美濃から追われたちょうどその頃、室町幕府も大きな混乱に包まれていました。十三代将軍・足利義輝が、三好長慶《ながよし》らとの戦いに負けて亡命。弱まっていた幕府の権威は、完全に地に落ちてしまったのです。

将軍不在の状態となり、地方の有力大名たちによる勢力争いが、各地でますます激しさを増していきます。

甲信越では、甲斐《かい》・信濃《しなの》を制圧し北陸に出ようとする武田信玄と、それをくい止めようとする越後の上杉謙信が、川中島で対決。

東海地方では、斎藤道三という後ろ盾を失った尾張の織田信長が、織田の反信長派を制圧するための戦いが勃発し、信長が弟を殺害するという事件が発生します。このことが、やがて駿河の今川義元との「桶狭間《おけはざま》の戦い」へとつながっていきます。

また、中国地方では小さな国人領主に過ぎなかった安芸《あき》の毛利元就《もとなり》が、四国では、やはり土佐の国人に過ぎなかった長宗我部元親《ちょうそかべもとちか》が、戦国大名となって大きく成長し、京都にまでその名をとどろかせ始めます。

やがて十三代将軍・足利義輝が三好三人衆らによって暗殺されると、「義輝の弟・義昭を上洛させる」という目的のため、織田信長と光秀が出会う「運命の日」がやってきます！

でも今は、まだ誰もが一日、一日を生き抜くだけで精一杯。

光秀も、まさか自分が天下人に仕えるようになるなんて、想像もしていません。「このまま一生、出世できずに人生終わっちゃうのかなあ」とぼんやり考えています。

朝倉氏
飛騨
越前
信濃
美濃
田中城（光秀が一時籠城していたとされる）
若狭
稲葉山城（のち岐阜城に）
尾張
織田信長
近江
三河
徳川氏
山城
遠江
伊賀
桶狭間
伊勢
志摩
大和
紀伊
織田信長が勢力拡大
1560年　駿河・今川義元を破る（桶狭間の戦い）
三河・徳川家康と同盟（清洲同盟）
1565年　尾張を統一
1567年　美濃を平定（稲葉山城の戦い）

光秀はいったいどこにいたのか?

1568年になるまで、信頼できる史料には光秀の名が見当たらない。
いったい、どこにいたんでしょう?

息子は父が死ぬまで安心できない！
「親の悔い返し」の法則

明智光秀が美濃を追われた原因は、とても有名です。

それは、斎藤道三とその息子・義龍が対立し、道三が殺されてしまったから。このとき、道三に味方していた光秀も、城を焼かれ美濃を追われる身となったのです。

でも、なぜ義龍は父親を殺してしまったのでしょう？　道三はそれほど酷《ひど》い父親だったからでしょうか？　それとも、息子の義龍がバカ息子だったからでしょうか？

一般的には、息子に家督を譲って隠居していた道三が、長男の義龍より次男・三男のほうを可愛がり、「やっぱり家督を返せ」と言い出したからだと言われています。

義龍は正室ではなく側室の子だったので、もしかすると自分は本当の息子ではないかもと疑っていたフシもあるのですが、問題はそこではありません。

ともかく、いったん譲った家督を返せというのは、ちょっと酷すぎます。現代ならば法律的にも不可能です。

しかし、当時もし裁判をしていたら、義龍は完全に敗訴していたはずです。

当時は、「親の悔《く》い返《かえ》し」といって、いったん子どもに財産や家督を譲っても、親が「やっぱり返して」と言ったら返さなければなりませんでした。そのことは、かの有名な武士政権の法令『御成敗式目《ごせいばいしきもく》』にもちゃんと明記されています。武家社会では、それほど父親の力が強く、父親の言うことは絶対でした。父親がどの息子に財産や家督を譲るかは、すべて父親の気分次第。だから、子どもたちは父親が死ぬまで親孝行をしなければなりません。義龍の悔しい気持ちも理解できますが、少なくとも、この家督の件に関して言えば、斎藤道三は法律上ちっとも悪くなかったのです。

いったん家督を譲っても、親が返せと言えば返すのが当たり前の時代。斎藤道三に非はなかった！

なぜ、光秀は道三の味方をしたのか？

それにしても不思議なのは、斎藤道三・義龍親子の争いで、なぜ光秀は道三の味方をしてしまったのでしょう？

もしも義龍の味方をしていたら、美濃を追われることもなかったはずです。

美濃に存在した国人領主のほとんどが、道三ではなく義龍の味方をしていたのに、あえて道三の味方をする必要があったのでしょうか？

確かなのは、義龍が弟の孫四郎《まごしろう》と喜平次《きへいじ》まで殺害してしまったことです。

義龍は側室の子どもで、二人の弟は腹違いの弟でした。

義龍の母・深芳野《みよしの》は、斎藤道三が追放した美濃国の守護大名・土岐頼芸《よりあき》の側室で、頼芸が道三に与えたとされています。義龍にしてみれば、自分は道三の息子ではなく、土岐頼芸の息子かもしれないと考えていたかもしれません。

ここで気になるのは、斎藤道三の正室・小見《おみ》の方《かた》が、光秀の伯母であった可能性があるということです。

江戸時代に編纂された『美濃国諸旧記《みののくにしょきゅうき》』によれば、小見の方は、明智長山城主・明智光継《みつつぐ》の娘です。

明智長山城といえば、光秀が生まれたとされる複数の城の中でも、最有力候補のひとつ。たとえ直接のオバサンではなかったとしても、親戚だった可能性は十分にあるでしょう。

だとすれば、殺されたのはかわいい年少のいとこだったのかもしれません。

オバサンやいとこのためなら、道三に味方するのも理解できます。

斉藤道三の妻・小見の方は、光秀のオバサンだった⁉
親戚の縁で、道三に味方したのでは？

美濃を追われたとき、光秀は信長とニアミス!?

かくして、一五五六年（弘治二年）、斎藤義龍は父の道三と美濃国の長良川で激突しました。このとき、義龍の兵は一万七五〇〇。道三の兵はわずか二五〇〇。少しオーバーな数字だとしても、勝敗は目に見えていました。

そこで、道三の娘婿である織田信長が援軍を差し向けましたが、時すでに遅く、道三は無念の死を遂げます。

織田信長と光秀が出会うのはそれから十年以上も先ですが、奇《く》しくも、信長と光秀は道三を助けるという同じ目的のために戦っていたことになります。

その後、光秀がどのようにして美濃を追われたか、定かではありません。

一説では、斎藤義龍が三七〇〇もの兵で二日間にわたって明智城を攻撃したとされています。一方、明智城に籠城《ろうじょう》して抗戦したのは、その四分の一ほど。結局明智一族は滅んだか、離散したと言われています。また、明智城に籠城した者の中に、のちに光秀の五人の重臣の一人となり、光秀の長女の夫となった明智秀満《ひでみつ》（三宅弥平次）がいて、光秀とともに城から逃げたという説もありますが、これも定かではありません。

とうとう、光秀は「牢人」となりました。「牢人」とは、「牢籠《ろうろう》とした人」という意味です。「牢籠とした人」とは、引きこもっている人、苦しみ困っている人、落ちぶれた人、そして、サラリーを失った人のことです。

光秀の生年が一五二八年だとすると、このとき、数えで二十九歳。教養のある上級武士であってもやり直すことさえ許されない、不自由な日々の始まりです。

織田信長の正室・濃姫は、斎藤道三と小見の方の娘。
信長は舅《しゅうと》のために援軍を差し向けたが、
道三はついに討ち死にした。

よそ者は決して出世できない戦国時代の就活事情

牢人になっても、頑張ってイチから出直せばいいじゃないか。普通はそう思うでしょう。そう簡単にはいかないのが、中世の武家社会です。

その例の一つをご紹介しましょう。

戦国時代には、「国質《くにじち》」、「郷質《ごうじち》」という言葉がありました。

たとえば、A国の住人がB国で犯罪を犯したとします（国というのは、日本のことではありません。美濃国とか、越前国のことです）。すると、怒ったB国は、犯人とは何の関係もないA国の人を人質に取り、「人質を返してほしければ、詫びろ、お金を返せ」とA国の人に向けて言います。これが、「国質」です。もっと狭いエリアで同様のことが起こった場合は「郷質」と呼ばれます。A国がA郷、B国がB郷となるのです。

メチャクチャな論理だと思うかもしれません。捕われる人は、この上ない迷惑です。ところが、「犯人も人質も、同じA国の人間だろ」という理屈がまかり通るのです。それくらい、「俺たちは美濃の国の人間だよな、仲間だよな」「同じ国の者同士、助け合おう」という意識が強かったわけです。

逆に言えば、他国の人間に対しては、驚くほど冷たいわけです。


こうした考え方は、戦にも大きく影響します。

たとえば、「越後の虎」と呼ばれた上杉謙信。彼は越後から三国《みくに》峠を越え、関東に出兵していました。一般的には領土拡大を目的としない、大義のための戦いと言われていますが、歴史学者の藤木久志先生はその目的を「略奪」だと解釈しています。

越後の冬は寒さが厳しく、飢饉《ききん》も多かったため、人々は慢性的な飢えに悩まされていました。要するに、みんなお腹をすかせているわけです。

そこで、関東に進軍して略奪をしてまわり、兵隊たちはお腹いっぱい食べ、国に米を持って帰ろうした、というわけです。

謙信は「義」の人と言われているだけに、この説には賛否両論あります。しかし、「俺は越後の人間として、越後の人間を食わさなきゃならない」という責任感のようなものが非常に強かったのは間違いありません。酷い言い方をするなら、そのためなら他国を侵略するということに対して躊躇《ちゅうちょ》しないのです。

それほど強い郷土愛を持ち、越後の人々に尽くしたからこそ、越後の人々に愛され、親しまれてきたのです。

そもそも、戦国大名が領地を拡大しようとするのも、領地を大きくしたいというより、基本的には自分の国の領土を守るため、他国に侵略されないようにするため、あるいは自分の国の経済を豊かにするためです。

だから、どんなにたくさんの国を支配下に置いたとしても、一番大事なのは自分の国。極端な話、他の国がどうなろうとあまり興味がないからこそ、次々と侵略することができたとも言えるでしょう。

というわけで、牢人が他の国に仕官したいと思っても、そう簡単には仕官させてくれません。たとえ仕官できたとしても、せいぜい下級武士とか足軽（士分に数えられない軽輩）くらいで出世はほとんど見込めませんでした。

もちろん、政治力のある武士なら話は別です。戦のとき即戦力となる人間をたくさん動かせるとか、バックに大物大名がついていれば、有利になるからです。

しかし、名もない普通の武士の場合、路頭に迷い、再仕官もできず、経済的に困窮します。その結果、行き場のない牢人たちが生活のために悪いことをしたりして、治安が悪化する原因にもなっていきました。

郷土愛が強いがゆえに、他国の者には冷たい。
牢人たちの他国での再就職や出世は、
極めて難しかった。

光秀は、越前に行って朝倉家の家臣になった？

美濃を追われた明智光秀は、その後どこへ行ったのか？

美濃の隣には、越前があります。お隣の国ですから、何かとツテがあったのでしょう。どうやら、光秀はまず越前に向かったようです。

越前国で戦国大名になったのは朝倉孝景《たかかげ》という人で、のちの法名から「英林《えいりん》孝景」と呼ばれることも多い人です。朝倉家はまったく同じ名前の人が多くてややこしいので、ここでは「英林さん」と呼びましょう。

光秀が美濃を追われた頃、越前は、この英林さんから数えて五代ほど後の朝倉義景という人が当主となっていました。五代・百年続いたとなれば、今でいえば歴史と実績のある堂々たる大企業ということになります。もし、この朝倉家に再就職できて立身出世できたら最高です。

しかし、これまでお話ししてきたように、よその国から来た牢人の立場での仕官や出世というのは、ほとんど望み薄な状況でした。

初代の英林さんは、とても先進的な考えの持ち主で、『朝倉孝景十七箇条』という家訓の中で、「世襲を重視せず、実力を大切にするべきだ」としながらも、「大事なところは、越前以外の者は使うな」と記しています。

結局、越前も牢人にとっては仕官するのが簡単なところとはいえません。

おそらく、光秀には、きっと何かのツテかコネがあったのでしょう。実際に光秀が朝倉家を頼って越前にいたことがわかる史料が存在します。


第1章でも少しご紹介した、時宗総本山遊行寺の住職、同念上人が関西を巡ったときの記録『遊行三十一祖京畿御修行記』に、以下のような記述があります。

「今は惟任《これとう》といっているけれど、明智十兵衛尉といって美濃土岐一家の牢人だった人は、越前の朝倉義景を頼って長崎称念寺に十年いたあいだに、六寮と知り合いになったので、坂本では長話をしてしまった」

六寮というのは同念上人のお付きの人です。その六寮が坂本の光秀のところにお使いに行ったところ、光秀が長崎称念寺に住んでいた知り合いだったので、つい長話をした、と同念上人に報告しているわけです。

詳細はわかりませんが、長崎称念寺は福井県坂井市にある時宗のお寺です。そこから車で30分くらいのところに朝倉義景ゆかりの一乗谷《いちじょうだに》城跡があります。とすれば、義景を頼って越前に行き、長崎称念寺で暮らしていたとしても不思議ではありません。

また、朝倉家に仕官していたはずの時期に、明智という人物が足利義昭のもとで働いていたことを示す史料も存在します。

『光源院《こうげんいん》殿御代当参衆 并《ならびに》 足軽以下衆覚《おぼえ》』という、光源院殿＝足利義輝と足利義昭の仕えた者たちのリストの中に、「足軽」として「明智」の名前があるのです。この「明智」は光秀なのでしょうか？

朝倉家で働いていたのに、足利義昭のところでも働いていたとは、どういうことでしょう？

実は、足利義昭は朝倉家と深いかかわりがあります。

足利義昭の兄、第十三代将軍・足利義輝が三好三人衆らに暗殺されたとき、仏門に入っていた義昭は大和（奈良）にいたのですが、義輝に仕えていた細川藤孝《ふじたか》らによって大和を脱出して近江に逃れました。この脱出に、朝倉義景もかかわっていたのです。

一時的に越前の一乗谷に逃れていたときもあります。

ということは、朝倉家が派遣した武士の中に光秀がいて、足利義昭を警護していたと考えられないでしょうか。

そんななかで、次第に手柄を挙げていき、やがて足利義昭の目に止まって「足軽」（光秀は士分なのですが、足利将軍家の上から目線ゆえに足軽よばわり）と表記されたのではないでしょうか。

光秀は朝倉家の下級武士となり、寺に住んでいたが、足利義昭の警備のために派遣された。

再就職先のボスは自国のこと以外、やる気なし？

朝倉家の命を受けて足利義昭をサポートしていた光秀は、次第に足利義昭との距離を縮めていきます。それはなぜか？

足利義昭としては、とにかく一刻も早く上洛《じょうらく》したかった、つまり、京都に行って足利将軍家を復活させたかったわけです。そこで、何度も「上洛させてくれ！」と頼んでいるのに、朝倉義景は「はいはい、わかってますよ」と適当に返事をして、なかなか本腰を入れてくれません。朝倉義景にとって大事なのは、あくまでも越前です。上洛ともなれば、莫大な資金と兵力が必要になるわけで、「そんなことまでして上洛をして、うちになにかメリットがあるかなあ」と考えていたのではないでしょうか。

そんな朝倉義景を見て、光秀もだんだん自分の将来に不安を募らせていきます。

「足利義昭の上洛を成功させれば、朝倉家で出世できるかも！」と一生懸命頑張ってきたのに、肝心の朝倉義景がその気にならないのでは、話になりません。

「私は下級武士のまま終わりたくないぞ」とばかりに、足利義昭に「朝倉は頼りになりません。織田信長なら、きっと上洛させてくれます！」とささやいたとすると、納得できますね。とにかく、義昭と光秀は、朝倉には見切りをつけて動き出しました。

さあここで、先述した道三と光秀の縁が事実なら、話はうまくまとまりますよね。

その結果、信長の全面プロデュースによって、足利義昭はようやく上洛を果たしました。こうして、「本能寺の変」へと続く光秀と信長の運命が、大きく動き出したというわけです。

光秀は、朝倉義景を見切り、信長に対する交渉を開始。
信長とともに足利義昭の上洛を成功させた。

因縁の友、細川藤孝のすごい出世テクニック！

十三代将軍・足利義輝の家臣だった細川藤孝《ふじたか》。彼は光秀と力を合わせて行動しました。彼の助力がなければ、十五代将軍・足利義昭の上洛成功もなければ、軽い身分だった光秀が信長に認められることも、仕官のチャンスを得ることもなかったでしょう。

彼こそ、その後、光秀の三女ガラシャが嫁いだ細川忠興《ただおき》の父であり、「本能寺の変」で孤立した光秀が、「どうか味方になってほしい」と懇願する手紙を送った相手です。

しかし、このとき、藤孝は「光秀はもうおしまいだ」と判断したんでしょう。「本能寺の変」の直後、信長の喪に服すという名目でただちに剃髪《ていはつ》し、隠居をして「幽斎《ゆうさい》」と名乗り、息子に家督を譲りました。「光秀とは親戚だけど、自分は絶対に共謀者ではない」と周囲にアピールするためだったのでしょう。そして、光秀に対しても「自分はもう隠居の身なので…」とやんわり味方になるのを断っています。

この話は、また後で改めて触れることになりますが、ともかく、光秀と同じタイミングで信長と出会い、光秀と一緒に織田信長に仕えることになる細川藤孝は、光秀の死後も秀吉や家康に重用され、晩年は京都で悠々自適の日々を送り、七十七歳で天寿を全うしました。光秀とどこがそんなに違っていたのでしょう？

重要な局面で、判断を間違わない

細川藤孝は、自分がリーダーとなって上に立つというより、時勢と人の能力を分析し、重要な局面で「誰が次の有力者になるか」を判断し、うまく立ち回る処世術に長《た》けていました。

その最初の局面が、十三代将軍・足利義輝が暗殺されたとき。三好三人衆を敵にまわすリスクを怖れず、ただちに弟・足利義昭を救出しています。

さらに、苦労して上洛させた足利義昭が信長に逆心を抱くようになると、「信長を選ぶほうが、前途が明るい」と判断。すぐに信長に手紙を書き、義昭の不穏な動きを伝えて、信長に仕官しています。

そして、信長の命で丹後に進撃し、南丹後六万石の大名になると、幕臣時代の有能な同僚たちを家臣として、近畿各地で武功を上げていきます。

一流文化人として世渡りする

もともと藤孝は、室町幕府の官僚職を世襲してきた、細川家の分家筋のお坊ちゃまです。幼い頃から和歌・茶道・蹴鞠《けまり》といった文芸のほか、囲碁・料理・猿楽《さるがく》などの造形が深く、一流文化人として教養を身につけていました。そのため、光秀の死後も、千利休らとともに豊臣秀吉に用いられ、秀吉亡き後は、徳川家康に近づき、またしても重用されています。

また、藤孝は、『古今和歌集』の解釈を弟子から弟子へと相伝する『古今伝授』の継承者でした。そのため、「関ヶ原の戦い」の直前、藤孝がいる舞鶴の田辺城が西軍(反・徳川)に攻撃されたとき、一番慌てたのは朝廷です。「藤孝が死んでしまったら、古今伝授が断絶してしまう!」というわけで、天皇から講和するよう勅命が出され、藤孝は他の城へ無事に移送されました。

歌道では、藤孝には後陽成《ごようぜい》天皇の弟宮・八条宮智仁《はちじょうのみやとしひと》親王をはじめとして、公家から武将までさまざまな門人がいたとされています。

まさに、芸は身を助く。光秀も教養が高かったことで知られますが、藤孝には到底及びません。

藤孝と親交があった京都の医者・江《え》村《むら》専斎《せんさい》の日常会話をまとめた『老人雑話』には、「明智（光秀）、始め（は）細川幽斎の臣なり」とあります。光秀は藤孝を盟友だと思っていたようですが、藤孝はあくまで上から目線、「足利義昭を上洛させた頃は、自分の部下だったし、教養だってたいしたことないくせに」と思っていたのかもしれません。

明智光秀と細川藤孝の決定的な違いは、時勢を読んでうまく立ち回る能力と教養だった！

光秀は医者だった？ 医学知識のレベルは？

昔の史料の中には、手紙の裏に、まったく別の文書やメモなどを書き記してあるものも珍しくありません。紙が貴重だった時代ですから、不要になったものを裏返してリサイクルしていたのでしょう。そういう文書のことを、「裏文書《うらもんじょ》」あるいは「紙背《しはい》文書」と言います。

二〇一四年に発見され、光秀が医者だった可能性があることを示す史料が見つかった！　と話題になった『針薬方《しんやくほう》』という医学書も、十数通の手紙を裏返して綴じられた、「裏文書」つきの書物でした。その末尾の、「この書物が書かれた経緯」や「書かれた日付」などを記した奥書《おくしょ》部分に、光秀の名がハッキリと書かれています。

右一部　明智十兵衛尉　高嶋田中籠城時　口伝也　本ノ奥書此如
此一部より沼田勘解由左衛門尉殿大事
相伝於江州　坂本写之
　永禄九　拾　廿日　貞能（花押）

「明智十兵衛（光秀）が近江・高嶋の田中城に籠城していたとき、『針薬方』について沼田勘解由左衛門尉《かげゆざえもんのじょう》殿に口伝《くでん》した（語った）話を、今度は沼田勘解由左衛門尉殿が近江の坂本で米田《こめだ》貞能《さだよし》（のち求政《もとまさ》）に相伝したもの。それを、永禄九年（一五六六年）十月二十日に貞能が記した」とあります。

日付もしっかりと明記されたおり、「光秀に関する記述がある一番古い史料」、つまり「一番若い頃の光秀が登場する史料」ということになります。

この書類でわかることは、大きく分けて三つです。

一つは、おそらく、一五六五年に十三代将軍・足利義輝が暗殺された直後に、光秀が口伝した内容だということ。

二つ目は、光秀がそのとき「近江の高嶋というところにある、田中城に籠城していた」ということ。田中城は、琵琶湖の西から越前方面に向かう交通の要所に位置します。義昭が奈良の興福寺を脱出して近江の矢島、越前の一乗谷へと逃れる中で、警備・防衛の役割を果たしていたのでしょう。

そして、三つ目は、「わざわざ相伝されて書いたものである以上、当時としては、それなりにレベルの高い医学知識が書かれたもの」ということです。この史料が発見されたことで、これまでに見つかっていたさまざまな史料の謎が、一気につながり始めました。

たとえば、美濃を追われ、朝倉義景を頼って行った越前で、光秀は十年間称念寺に住んでいたとされます。その間、いったい何をしていたのか？

当時、朝廷お抱えの医者はいたものの、一般庶民がかかれる医者はいませんでした。そこで、ケガをしたら塗り薬を塗る、腹痛には薬草を煎じる、鍼《はり》を打つ、という程度の初歩的な知識でも、牢人医師として歓迎されていた可能性は十分にあります。『針薬方』には、朝倉家に伝わる塗り薬の処方が記載されていたことから、朝倉家で学んだ知識が応用されていた可能性も注目されています。

中世の日本では、まだ占いや呪術、お祓《はら》いのようなあやしい民間療法が信じられていましたが、ちょうど光秀が誕生したとされる一五二八年には日本初の印刷物としても知られる『医書大全』が出版されています。光秀は鉄砲の名手だったという説もあり、新しいもの、最先端のものをすぐに学んで習得するのが好きだったとすれば、当時最先端の医学に興味を抱いていたとしてもおかしくありません。

なお付け加えておくと、沼田と米田は義昭を救出した細川藤孝の仲間で、のち細川家の重臣になっています。

初歩的な知識でも歓迎された時代。空白の十年間、牢人医師として生活していた可能性は十分ある。

光秀の空白の十年は！

一五五六年、美濃を追われた光秀は、朝倉義景を頼って越前へ。
十年間称念寺に住み、朝倉家から俸禄（サラリー）を受けながら、
医師としても活動する。
一五六五年、十三代将軍・足利義輝が暗殺されたのを契機に、
朝倉家の家臣として足利義昭の警備兵兼世話役の一人となる。
このとき義昭の知遇を得て、義昭の周囲の人とも交わりを持つ。
多分に上から目線な義昭側からは「足軽」として認識される。
やがて、足利義昭の上洛を実現させる気のない朝倉義景に見切りをつけ、
細川藤孝を通して、信長に足利義昭の上洛に協力するよう交渉し、成功。
信長と対面する日は、**もうすぐそこだ！**

もうすぐだけど・・・

うーん、調子に乗って「信長と対面する日は、もうすぐそこだ！」って書いちゃったんだけれど、どーもなあ。やっぱり釈然としないことがあるんです。それは光秀の「ご主人さま」のこと。今までの物語や研究によると、彼はある限られた時間内に、朝倉義景、足利義昭、織田信長、三人と主従の関係を持っていることになります。それから、信長と会ってからは、義昭と信長、両者に仕えている期間があるとされる。そんなことが可能なんでしょうか？

改めて考えてみましょう。

貴族社会では複数の主人に仕える（兼参《けんざん》と言います）ことは普通です。でも武家社会の従者は主人の命令に従い、命を賭けて戦わねばなりません。主人への奉公が苛酷なのです。こうした条件のもとで、「複数の主人を持つ。すなわち、こっちの殿のために死にものぐるいで戦い、こっちの殿にも命を捧げる」なんて器用なことができるのでしょうか？

そもそも武家政権ができたときに、大きな課題になったことは「将軍にだけ忠節を尽くす武士（すなわち御家人）」を編成することでした。だから後白河上皇に安易に接近した源義経は、兄の頼朝によって排除されざるを得なかった。「鎌倉幕府を討て」と後鳥羽上皇が命令した承久《じょうきゅう》の乱でも、朝廷軍の主力は「上皇と将軍双方に従う武士」で、彼らが「将軍のみに従う」鎌倉の武士によって掃討されることにより、乱の勝敗が決まったと説明できるのです。

江戸時代、藩に所属する武士は「私は仙台藩のだれだれです」とは言いません。「伊達陸奥守の家来のだれだれです」と自己紹介する。仕える主人がいること、一人だけの主人を持つことが彼らのアイデンティティでした。おれは牢人ではないぞ、れっきとした侍だぞ、ということですね。

そうしたことを勘案すると、このあたりを細かに論証すると一冊の本が書けそうなので今はざっくりとすませますが、光秀が「複数の主人に仕えた」というのは、やっぱりへんなんじゃないかな、と思うのです。

それを踏まえて整理してみましょう。

美濃を逃れた光秀は朝倉家に仕えた。ここは揺るがないでしょう。だけど、そういした役割は与えられず、軽い身分で過ごした。医者の仕事もバイトでやった。そんな彼に流浪の足利義昭との連絡役が命じられた。朝倉義景は義昭を奉じて京都に行こうなどとはまったく考えていなかったから、連絡役に重臣を充てることはなかった。また、下っぱの光秀は連絡役の中の一人、ということだったかもしれない。

だけど、光秀はこの時、持ち前の才覚をフルに発揮してがんばった。だから細川藤孝などにも「そなた、なかなかの者じゃな」と認められ、義昭にも顔と名前を覚えられた。「余のために励めよ」くらいは直々に言われたのでしょう。越前への往来の途中、田中城でもがんばり、ついに義昭を越前に連れてくるミッションを成し遂げた。だから、この時点では、彼はあくまで「朝倉家の家来」で、役目として「足利義昭担当」だったのです。

でも、義昭を迎えた朝倉義景がどうにも煮え切らない。上洛する気などまるで無い。飼い殺しにする感じ。で、光秀は「ああ、この殿はダメだ。ここでは俺の出世もないな」と見切りをつける。

それで、義昭とその周囲の人たちに「織田家へ行ってみましょうか。わたし、美濃には縁故がありますから、縁故を頼れば信長さまに話が持っていけるんじゃないかと思いますよ」と持ちかけ、それが実行に移された。

この時、彼は義昭の家臣団に加わってもいいと思ったでしょう。バイバイ朝倉家、です。京都の屋敷に鎮座まします将軍さま相手では、本来はとても無理な話。でも流浪の将軍候補である義昭だから、身分の高くない光秀を頼りとした。

かくて足利将軍家の上から目線で捉えたときの、「(将軍の)足軽　明智光秀」が誕生することになります。

こうした状況で、光秀は美濃での縁故をいかして信長に対面し、義昭との間をつないだ。すると、この交渉役としての手腕が「才能が第一」主義の信長に認められ、ヘッドハンティングを受けた。「おまえ、やるじゃないか。うちに来ないか。厚遇するぞ」と。もちろん事態は動いているから、光秀は義昭を奉じての信長の上洛戦に加わりながら、「走りながら考えた」。それで結局は「お世話になります」と、織田家に仕えることを決めた。

つまりここで、信長一人が主人となった。

こんなふうな流れで考えると、まあだいたい、無理なく理解ができそうです。そして、ここから本当の光秀の大活躍が始まります。その次第やいかに。

さあ、しっかりと見ていきましょう!

第3章　転機の謎

光秀、信長に認められる！

室町幕府もいよいよ末期。

足利尊氏が起こした幕府政権が終わりに近づいています。

そもそも仏門に入っていた足利義昭が上洛するきっかけとなったのは、義昭の兄である十三代将軍・足利義輝の暗殺でした。暗殺したのは、三好義継《よしつぐ》と三好三人衆（三好長逸《ながやす》・三好宗渭《そうい》・岩成友通《ともみち》）、松永久通《ひさみち》らです。

義昭が織田信長や細川藤孝、明智光秀と一緒に上洛したときは、三好三人衆らによって擁立された足利義栄《よしひで》が、すでに第十四代将軍におさまっていました。

義昭と信長は、その十四代将軍・義栄と三好三人衆を京都から追い出し、みごと上洛の目的を果たして新たな政権を起こしました。

三好三人衆は、すきあらばもう一度幕府と京都を取り戻そうと狙っています。

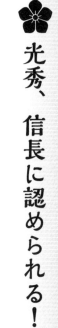

その一方で「我こそ天下人だ！」と調子に乗った義昭は、信長と対立。信長による傀儡《かいらい》政権にガマンならず、「一緒に信長を倒そう」と、越前で世話になった朝倉義景をはじめとする大名に協力を依頼。

もともと信長をよく思っていなかった朝倉義景、その朝倉義景と仲が良かった北近江の浅井長政まで巻き込んで、信長と義昭の熾烈《しれつ》な戦いの火ぶたが切って落とされます！

光秀にしてみれば、ようやく信長と出会い、さあこれからだというときです。

光秀は、どうやってこの難局を乗り越えていくのか、どうやって信長に信頼され、出世していくのか。

さあ、光秀の快進撃の舞台裏をちょこっと覗《のぞ》いてみましょう！

「人材抜擢」は信長独自の手法なのか？

なぜ、織田信長は人気が高いのか。

それは、私たちにとって「わかりやすい人」だからではないでしょうか。

有能な人間を抜擢して仕事をさせる。成功したら高い地位と権限を与え、報酬をアップする。しかし、ダメなら切り捨てる。私たちにとっては、ごく当たり前のことだから、とても理解しやすい。

しかし、信長は戦国時代では極めて例外的な「わかりにくい人」です。身分も出身も関係なく抜擢するなんて、普通はあり得ません。

でも、不思議だと思いませんか？　戦国時代のほうが、現代よりずっと優秀な人材を必要としているはずです。そうでないと、家や国が滅びてしまいます。

その答えのヒントは、古代の歴史の中にあります。

西暦七〇〇年頃、大化の改新のもう少し後の日本は、中国からいいものをどんどん取り入れようと、トップエリートたちを中国に派遣していました。遣唐使です。そのとき持って帰ってきたものに、「律令《りつりょう》」というものがあります。

「律令制度」「律令国家」などの言葉がありますが、「律」は刑法、「令」はそれ以外のもので、要するに法体系のことです。

この「律令」を取り入れることで日本が作り替えられたわけです。

ところが、「律令」のシステムを一生懸命に学ぶ一方で、まったく興味を示さなかったものがありました。それが「科挙《かきょ》」なのです。

「科挙」は、簡単にいえば官僚になるための全国一斉試験。女性は受けられませんが、男性なら身分に関係なく誰でも受けられる、平等な実力試験です。ただし、東大なんかよりもずっと難関なので、受験するためには毎日朝から晩まで勉強しなければなりません。誰でも受けられるとはいえ、実際には働かずに食べていける地主クラス以上しか対象としていなかったとも言えるでしょう。

ただし、家がどんなに裕福で身分が高くても、決してズルはできません。中国の国家は基本的に世襲制ではなく、実力主義です。中央の高級官僚も「抜擢」される可能性があったのです。

ところが、日本には合わないと思ったのでしょうか。遣唐使たちは「科挙」の存在を知っていたにもかかわらず、本国には導入しませんでした。ですから、日本はその後も支配層は完全な世襲制です。

父親が大納言なら、息子も自動的に大納言。父親の地位が低ければ、息子はどんなに頑張っても高い地位にはなれません。世襲が重んじられている社会では「人材抜擢」は起こりようがありません。

武士も基本的には世襲制が大好きです。養子でもいいから世襲制を重んじ、代々「家名」と「領地」を継承していきます。儀式や式典などのセレモニーも大好きです。こうした考え方が脈々と続いているのが、日本の在り方です。

中国の歴史をさかのぼると、『三国志』に登場する魏《ぎ》国の始祖、曹操《そうそう》も、人材抜擢で有名な人です。

彼の主張は「唯才《ゆいざい》」。地位や家柄、人格や過去の行いなどに一切頼らず、国や社会に役立つ有能な人材を登用せよという考え方です。ただ、発言が極端で「才能さえあれば、兄嫁を寝取るような男でもいい」などと言い出してまわりをあきれさせました。

中国では、儒教的な考えが強く、父や兄をうやまうことが徳目として重んじられましたから、これでは敵をつくるばかりです。

戦国時代の武士たちの学問といえば、中国の歴史を読むことが非常に重要でしたから、もしかすると信長も、曹操が活躍する『三国志』を読んでいたかもしれません。

信長の場合、曹操ほど極端ではないにせよ、「信長さまなら、実力さえあれば出世させてくれる」と優秀な人材が集まってきたのでしょう。

牢人生活の厳しい現実を知った光秀にしてみれば、信長だけが出世に続く唯一の光だったのかもしれません。


古代、遣唐使は「人材抜擢」の思想は、わざと持ち帰らなかった。信長は中国の歴史書を読んでいたのかも⁉

いつ信長の家臣になったのか？

信長の人材抜擢の特徴は、「こいつはイケル」と思うと、いきなり高い地位につけるということです。

信長は、永禄十一年（一五六八年）の九月に義昭の上洛を成功させると、翌年四月には京都とその周辺の政務を担う、実質的な京都奉行を四人置きました。メンバーは木下秀吉、丹羽長秀、中川重政、そして光秀。上洛からわずか半年での大抜擢です。丹羽長秀などはすでに十数年信長に仕えてきた重臣です。普通ならつい最近来たばかりの新人が肩を並べられる相手ではありません。

光秀は、義昭が宿所としていた京都本圀寺《ほんこくじ》を三好三人衆が襲撃した事件（本圀寺の変）で、とっさに寺の防御を固めて敵の動きを封じたと言われています。

上洛後、わずか半年でいきなり京都奉行に任命。
しかも、顕著な働きを示す！

また、三好三人衆の攻撃に備えて築いた二条城の設計を任せたところ、みごとな働きっぷりで完成させたそうです。交渉術・戦・城の設計にも優れていることは、まわりの人間も認めていたのかもしれません。

同時代の史料では、光秀は四人の京都奉行の署名の中に名を連ねています。

実質的な「足利義昭の家臣」と見られていた光秀が、いつ正式に信長に仕官したのか、そのあたりはよくわかっていません。この後に起こる比叡山《ひえいざん》の焼き討ちでの武功が認められて正式採用になったという見方もあります。とっくに信長の家臣だった、いや、実は細川藤孝の家臣だったという説（これは細川家の言い分にすぎないと思います）もありますが、形式はさておいて、実質的には信長の家臣として働いていたのだ、と考えておくべきでしょう。

15代将軍の背後に光秀あり!?

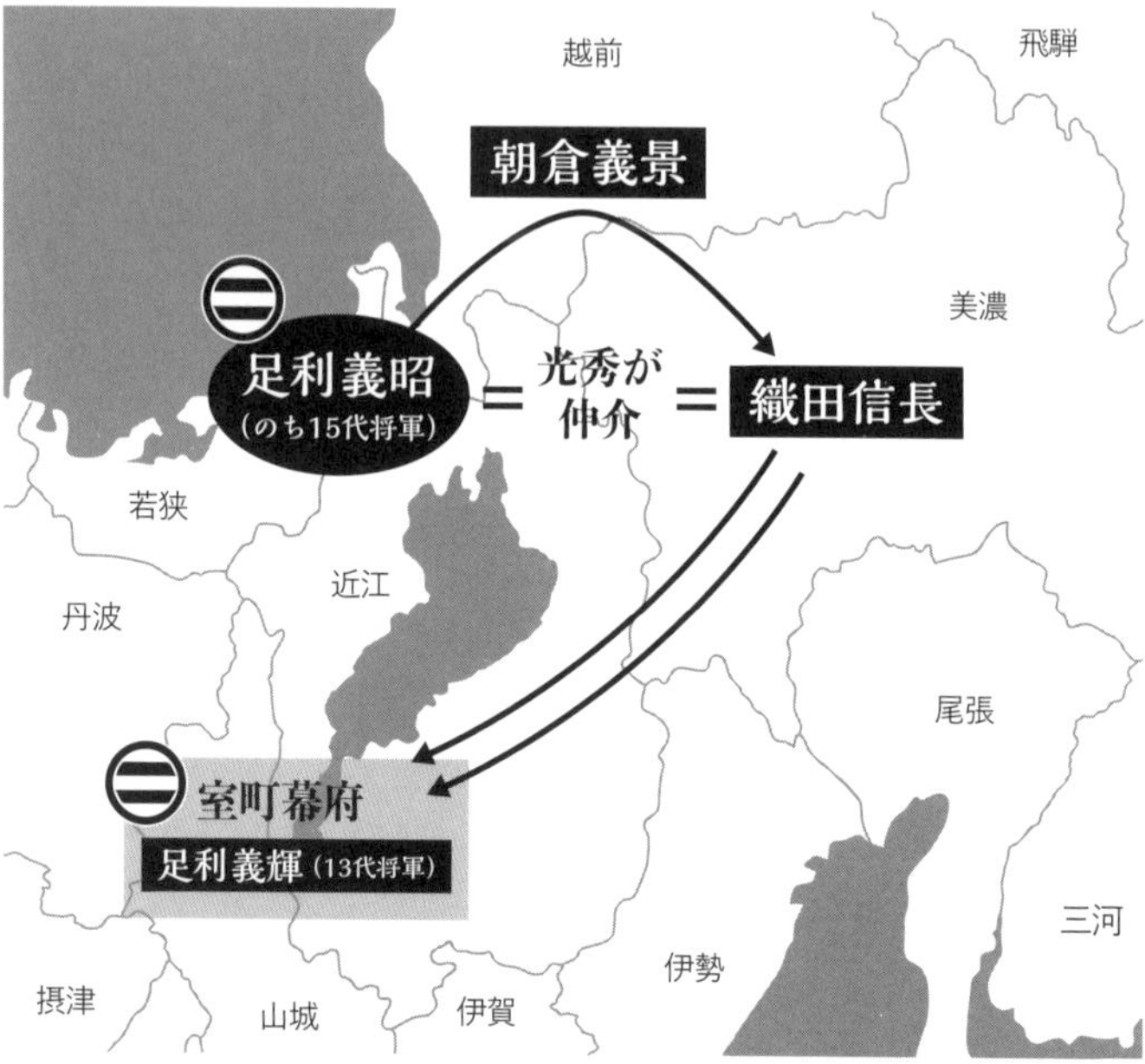

1565年、三好三人衆（三好長逸・三好宗渭・岩成友通）、松永久通らは足利義輝を暗殺し（永禄の変）、足利義栄を擁立するが、1568年、織田信長が足利義昭を奉じて上洛。義昭は第15代将軍に就任する。

織田信長の動き

光秀のボス

1568年	足利義昭を奉じて上洛
1569年	比叡山延暦寺と対立
1570年（元亀元年）	金ヶ崎の戦い・姉川の戦い 野田城・福島城の戦い 志賀の陣
1571年	比叡山焼き討ち 三方ヶ原の戦い 第一次長島侵攻
1573年 改元（元亀→天正）	槇島城の戦い 一乗谷城の戦い 小谷城の戦い 若江城の戦い 第二次長島侵攻
1574年	第三次長島侵攻
1575年	高屋城の戦い

歴史に登場するやいなや怒涛の人生が始まる！

織田信長の主な家臣

- 柴田勝家
- 羽柴秀吉
- 明智光秀
- 滝川一益
- 丹羽長秀

明智光秀の主な家臣

- 明智(三宅)秀満
- 明智光忠
- 斎藤利三(内蔵助)
- 藤田行政(伝五)
- 溝尾茂朝(庄兵衛)

＊詳しくは110ページより。

今に名を残す超有名武将たちで
かためられた織田軍。
彼らの明暗を分けたのは――。

	長篠の戦い 丹波攻めを光秀に指示
1576年	安土城築城 天王寺砦の戦い 第一次木津川口海戦
1577年	雑賀侵攻 第二次木津川口海戦
1580年	石山本願寺と和睦
1581年	京都御馬揃え
1582年	甲州征伐

絶対に高い報酬を与えない家康の経営方針とは？

人材を登用すれば、報酬が発生します。実力や働きに応じて妥当な報酬をもらえればいいのですが、なかなかそうはならない、というのは戦国時代も現代も同じです。

信長はけっこう気前がいいほうです。その信長とは対照的な人材抜擢の方法と報酬システムを採用しているのが、徳川家康です。

信長の場合、「とにかく抜擢しちゃえ。ダメならクビにすればいいじゃん」というハイリスク・ハイリターン方式ですが、家康はいきなり大抜擢、ということをほとんどしません。「鳴かぬなら鳴くまで待とうホトトギス」というわけで、長い間ただじーっといい人材が頭角を現すのを待っています。

関ヶ原の戦いの前後も、これはと思う若手を次々と集めて仕事をさせ、有能な人材が育つのをじーっと待つ。

そして、少しずつ地位を上げてやりながら、自然な形で重職につくようにするわけです。驚くような抜擢は、絶対しないわけです。

人間誰しも得意・不得意というものがありますし、能力は高いけど人望がないとか、他の家臣との関係で問題があるとか、人事というのは経営者にとってはなかなか悩ましい問題です。だから、とにかく待つ。

そして、信長のようにいきなり高い地位にはつけない。大きな仕事をしても、報酬はあまり出さない。これが家康のやり方です。

家康のブレーン中のブレーンだった本多正信《まさのぶ》などは、その典型的な例です。彼は家康にとって重要な相談役です。家康が首相なら、正信は官房長官。とても優秀なのに石高はたった二万二千石。そんなに給料の安い重役はいないだろう、というくらいの少なさです。

その本多正信が亡くなるとき、息子の正純《まさずみ》になんと言ったか。

「秀忠《ひでただ》（家康の後継者）さまは、家康さまとはちがって、お前がいい働きをすれば、必ず領地を増やして報いると言ってくれるだろう。しかし、三万石以上は決してもらうな」と言ったそうです。大きな領地をもらうと必ず嫉妬を受ける。足を引っ張られる。失脚するのは目に見えている、というわけです。

正純にしてみれば、「オヤジ、なにバカなこと言ってんだよ」と、まったく納得できなかったのでしょう。結局、宇都宮で十五万石をもらい、よーしもっと出世するぞとはりきっていました。

ところがこれが、有名な「宇都宮城釣天井《つりてんじょう》事件」につながります。

将軍が日光に行くとき、宇都宮で天井をドスンと落として徳川秀忠を暗殺する計画があったというので、正純は領地を全部没収され、流罪。いや、こんなバカな計画はあり得ません。完全な濡れ衣です。みんなの嫉妬をかったのです。

ああ、あのときの父親の言うことを聞いておけばよかったと思ったことでしょう。

家康は元来がケチだったのでしょうか、そんなに高い報酬を家臣に与えることはありません。この人は、能力ではなく職種によって石高をコントロールします。仕事の権限を持つ人には、決して高い報酬を与えない、サラリーを与えた人には仕事の権限は与えない、というのが基本。

ですから、大きな領地を持っている外様《とざま》大名や、十万石以上の譜代《ふだい》大名は、幕府の政治には絶対かかわれません。領地は小さい譜代大名だけど仕事ができる、という人に政治を任せていました。

たとえば関東総代官という役職にあった伊《い》奈《な》忠次《ただつぐ》。東京湾に注ぐ利根川の改修工事をした人です。この人のおかげで、東京ゼロメートル地帯は人が住めるようになった。それだけ大きな仕事を子どもや孫の代までかかって成し遂げたにもかかわらず、わずか二万石です。

ケチというより、先々の計算をして、あえて仕事に見合う報酬を与えない。経営者としてはアリなのでしょうが、こういう社長の会社には、あまり勤めたくないなあ、という人は多いかも。

信長の抜擢は、ハイリスク・ハイリターン。
家康はローリスク・ハイリターンを目指す
戦国大名だった。

義昭に堪忍袋の緒が切れた信長。そのとき光秀は⁉

足利義昭は、上洛して京都・二条城に入り、気が大きくなったのでしょうか。

最初は信長に感謝して「御父《おんちち》」とまで言っていたくせに、自分こそ天下人だと勘違いし始めました。信長にしてみれば、「オレが守ってやらなきゃ何もできない能ナシのくせに」という話です。

二人の対立は次第に激しくなり、信長はついに『五箇条の覚書』をたたきつけて義昭の政治活動を制限しています。「勝手に大名たちに手紙なんか書くな」「政治に口出しするな」「信長が気に入らないことは全部禁止！」という、義昭が「お飾りの将軍」であることをハッキリさせるものでした。

信長と義昭が取り交わした、この『五箇条の覚書』を仲介したのが光秀です。一応、

『五箇条の覚書』の仲介をしたのは光秀。だが、義昭は裏で有力な戦国大名を取り込もうとしていた。

義昭も「わかりました」と引き下がったところをみると、光秀はうまく言い含めたのかもしれません。

ところが、やはりというか、義昭は信長に内緒で全国の有力な戦国大名に次々と手紙を送っています。「一緒に信長を倒そう！」「もし、足利義昭の名で信長に協力しろという手紙がきても、ウソだから信じないでね」と、信長の先手を打っています。

これで信長と義昭の関係は決定的に決裂。浅井・朝倉を巻き込んで一進一退を繰り返す壮絶な戦が続くことになります。

ですが、ここで注目したいのは、『五箇条の覚書』に、信長の野望を示す「天下布武《てんかふぶ》」の印がハッキリと押されていることです。野望を実現するため、信長はなんとしても義昭を追放しなければなりません。

浅井・朝倉と信長はなぜ険悪になった？

光秀が織田軍の一員として最初に戦ったのは、「金ケ崎《かねがさき》の戦い」だと言われています。

信長はかねてから将軍・義昭の名で、越前の朝倉義景に「あいさつに来なさい」と命令していましたが、朝倉義景はその手紙を二回も無視。ウラで足利義昭が「それ、僕の本心じゃないから無視していいよ」と密書を送っていたのですが、もともと朝倉義景は信長をよく思っていません。「なんで、自分より格下の成り上がりの言うことを、イチイチ聞かなきゃいけないの？」と思っていたはずです。

越前の朝倉家は名門です。越前は京都から近いため、朝廷や幕府と密接なかかわりがありました。信長にとっては何かと目ざわりな存在。その朝倉を、幕府に背いたという大義名分のもと討てる、絶好の機会です。

名門・朝倉と、成り上がり信長の因縁対決。信長が先に浅井を裏切った？

一方、光秀にとって朝倉といえば、美濃を追われて牢人となったとき、お世話になった仕官先です。光秀を足利義昭のもとに差し向けたのも、朝倉義景でした。因縁めいていますが、ここで手柄を立てて出世の足がかりにしたかったはずです。

ところが、予想外のことが起きました。順調に進軍して金ヶ崎城を攻略したあたりで、浅井長政が裏切ったという情報が入ってきました。浅井家は信長の妹・お市《いち》の方の嫁ぎ先です。朝倉家とは古いつき合いがあり、信長に「朝倉を攻めるなら先に言う」と約束していました。浅井が信長を裏切ったというより、信長が先に裏切ったとも言えるわけです。となると、信長は浅井・朝倉の連合軍から挟み撃ちにあう可能性もあったため、撤退を余儀なくされることに。このとき、光秀も秀吉らとともに最後尾で防戦したという説もありますが、実はこの点に関しては確かな史料がありません。

比叡山の焼き討ちは、不意打ちではない!?

「金ヶ崎の戦い」でいったん退却した信長は、態勢を立て直して浅井・朝倉軍との戦いに挑みました。これが「姉川の戦い」で、浅井・朝倉は敗走。ところがここで摂津《せっつ》の三好三人衆、大坂の石山本願寺などが次々と打倒信長を掲げて挙兵。俗にいう「信長包囲網」によって、信長は危機的状況に陥ります。

こうして戦が長期化するなか、浅井・朝倉は比叡山・延暦寺に立てこもります。比叡山は、宗教施設であると同時に大勢の僧兵を抱える要塞。京都の経済も握っていて、琵琶湖の西の「坂本」というところが重要な物流拠点となっていました。

日本海側から運ばれてくる商品は、琵琶湖を渡って坂本に上陸します。つまり、坂本は京都にモノを搬入するための玄関口。その坂本は比叡山の東側の山麓にあるため、比叡山の僧侶たちが税金を集めたり金貸しをする拠点になっていました。こうした経済活動を踏まえ、比叡山は絶大な力を持っていたわけです。

大軍が山上に逃げ込んだら、僧兵はいるし、守りも堅いので、信長といえども手も足も出ません。そこで信長は朝廷を動かし、朝廷から浅井・朝倉に講和するよう命令してもらったのですが、比叡山側の態度の横柄さに信長は激怒。浅井・朝倉が国に引き上げると、比叡山の焼き討ちを開始します。

ただ、信長側としては一応、事前に手続きを踏んでいるんです。まず、「これからは織田の味方しろ」と交渉。でも、比叡山の答えはＮＯ。次に「じゃあ、せめて中立で」と言うんですが、こちらもＮＯ。「じゃあ、攻撃するぞ」と言うと「来るなら来い！」。そして、「本当にやるぞ」「やれるものならやってみろ」となったわけです。

一応、交渉手続きを踏んではいるものの、交渉というより脅迫、ケンカ！

比叡山の焼き討ちで一番はりきっていたのは光秀!?

織田信長が「比叡山の焼き討ち」をする以前にも、比叡山を攻撃した人はいました。最初にしたのは、六代将軍・足利義教《よしのり》。二番目は、「応仁の乱」の東軍の総帥・細川勝元《かつもと》の息子、細川政元《まさもと》。しかし、彼らは比叡山の僧兵と呼ばれる武装勢力を攻めただけ。純粋な宗教家である僧侶まで殺したわけではありません。

ところが、信長は僧侶や子どもも含め、比叡山にいる人すべてを皆殺しにしています。国宝級の貴重なお経や古文書、仏像、美術品なども含め、比叡山をまるごと徹底的に焼き尽くしています。

一般的には、教養人の明智光秀が「平安の御代より王城鎮護《おうじょうちんご》を担う延暦寺を焼くなど、もってのほか」と信長をいさめたことになっていますが、実際には、むしろ光秀こそが一番はりきって焼き討ちを行っていたようです。

たとえば、焼き討ちの十日前、光秀はこんな手紙を書いています。

「仰木《おおぎ》（ここでは比叡山）の事は、是非ともなでぎり（皆殺し）に仕《つかまつ》るべく候」

焼き討ちの後、坂本に五万石の領地を与えられ、坂本城を築くことを許されたことから考えても、一番はりきって働いていたのは光秀であることがわかります。

現代の私たちは「なぜ、そんな残虐行為ができたんだろう」と思ってしまいますが、光秀はすでに信長が追い求める「天下布武」、つまり天下統一の志も知っていました。信長の夢を支えていくなら、信長のもとで出世するなら、「自分は何をすべきか、何ができるか」と考えていたのではないでしょうか。だから、残虐なこと、むごいこともできたのかもしれません。

積極的に、おおいに働き、坂本五万石をゲット！
坂本城の築城もゆるされた！

なぜ光秀は坂本五万石を与えられたのか？

かくして、光秀は比叡山のふもとの町、坂本に五万石の領地をもらい、坂本城を築くことを許されました。今までも家来たちがどこかの城を任されることはありましたが、自分の城を築くことを許されたのは、織田家家中では光秀が一番最初です。

しかしこれは、とてつもなく大きな使命と役割を与えられたことを意味します。

当時、日本の流通経路の中心は、太平洋側ではなく日本海側でした。海産物や工芸品などが遠くは蝦夷《えぞ》地などから運ばれてきて、小浜《おばま》あたりで陸揚げされます。それを京都まで運ぶには、陸路より琵琶湖を渡って坂本に運ぶほうがいい。

ですから坂本は馬借《ばしゃく》という運搬業の人たちがたくさんいる物流の要所であり、京都の商業の玄関口となっていたわけです。

坂本を任せるということは、京都を任せるということ。

信長は、それくらい光秀を見込んでいた。


その坂本を光秀に任せるということは、単なるご褒美とは思えません。

信長は、「さあ、いよいよ本格的に天下布武を実現させるぞ、そのためには京都の経済力が必要だ。京都を任せるなら、光秀だ」と思っていたのではないでしょうか。

それほど、信長は光秀を見込んでいたのです。この時点で、すでに光秀は信長の重臣だったと考えていいでしょう。

光秀が足利義昭に「おひまをいただきたい」という手紙を送り、自分は信長の家臣であるということを、ハッキリと伝えたのも、この頃です。

もちろん義昭は許可しませんでしたが、光秀としてはスッキリした気分だったでしょう。名実ともに信長の家臣となり、心あらたに出世コースを邁進《まいしん》していきます。

宣教師もびっくり。坂本城でわかる光秀の才能とは？

坂本城は、本丸が琵琶湖に突き出した水城だったと考えられています。その本丸は三重の堀で囲まれており、堀と堀の間に二の丸、三の丸が築かれていました。城内には琵琶湖の水が引き込まれていて、城内から直接船に乗り込んでそのまま安土城に行けるようになっています。

信長が坂本城の後に築城した安土城、それから秀吉の長浜城、大溝城などは、いずれも琵琶湖に直結しており、坂本城を参考にしたと考えられています。

その豪奢《ごうしゃ》なたたずまいは、イエズス会の宣教師ルイス・フロイスもその著書『日本史』の中で、「明智の城は、荘厳華麗だ。信長が安土山に建てたものに次いですばらしい」とべた褒め。また、この坂本城で茶の湯を楽しんだ光秀の親友の公家・吉田兼《かね》見《み》も、『兼見卿記《きょうき》』の中で「豪壮華麗な天守だ」と評価しています。

坂本五万石くらいの経済力では、普通、こんな立派な城は造れません。領民に相当な税金をかけなければ不可能です。しかし、光秀が領民から恨まれていたという伝承は見られず、むしろ大変慕われていたとされます。となると、光秀は相当優秀な築城プランナーであり設計者だったといえるでしょう。

ちなみにルイス・フロイスは、光秀について「ハゲだ。嫌われものだ。裏切りや密会を好み、残酷で抜け目がない計略と策謀の達人。だけど、築城となると造詣が深く、優れた建築手腕があって、熟練の大工を使いこなしていた」と言っています。

要するに性格はひどいけど合理的で優秀だ、と言っているわけです。そういう意味では信長も同じ。信長とは抜群の相性だったのかもしれません。

光秀は、非常に優れた築城プランナー。
坂本城は安土城に次いですばらしい城だった。

なぜ、戦の合間にしょっちゅう連歌会や茶会をしていた？

イエズス会宣教師ルイス・フロイスにはさんざんに性格の悪さを指摘されている光秀。しかし、光秀は公家や豪商、宗教人などとの人脈も豊富で、細川藤孝や公家の吉田兼見などと一緒に連歌会を催したり、千利休や今井宗久《そうきゅう》らの茶人グループと茶会を行うなど、当時の一流文化人・教養人とも交流がありました。

現代のサラリーマンがゴルフを通じて人脈を広げたり、ビジネスをうまく進めたりするのと同じで、こうした人脈を使ってうまく世渡りをし、出世を目論んだという側面もあるでしょう。

光秀は四十代を過ぎてから織田信長の家臣としてデビューしていますから、連歌会や茶会などを通して、主人やまわりの有力者たちの気持ちを上手に「忖度《そんたく》」する必要があったのかもしれません。

実際、堺と京都を行ったり来たりしないといけないし、しょっちゅう戦で飛び回っているのに、その合間に何度も連歌会をしています。

「よくそんなヒマがあるな」と思ってしまいますが、むしろ戦が大変な局面を迎えているほど、「俺たち、そんなにせっぱ詰まってないよ」と見せる意味もあったのかもしれません。信長も光秀も、そういうことをソツなくこなしています。

ただ、やはり大変なストレスを抱えていたはずです。吉田兼見の『兼見卿記』には、越前の朝倉攻めから撤退して逃げ帰った後、吉田兼見の家へやってきて「石風呂に入れてくれ」とおねだりしていたと記されています。そうやってときどき息抜きしながら、なんとか頑張っていたのかもしれませんね。

連歌会や茶会は現代人のゴルフと同じ。人脈を広げたり、「余裕」を見せるツールだった。

光秀の五人の重臣たちは、昔からの家来なのか？

自分の城・坂本城を築き、いわば「城持ちの大名」にまで出世した光秀を支えてきたのは、五人の重臣たちです。

この五人は、光秀のさらなる活躍に欠かせない存在であり、「本能寺の変」を起こすと打ち明けられ、最後まで運命をともにしてくれたメンバーでもあります。

ここでご紹介しておきましょう。

明智秀満《ひでみつ》（三宅弥平次《みやけやへいじ》）

美濃にいた頃からの家臣ではないか、という説もある、五重臣の中でも一番つき合いの長い、光秀の親友です。もとは三宅弥平次と名乗っていましたが、のちに光秀の長女の婿（再婚）となったことから、明智を名乗るようになったと考えられています。

光秀の長女は、信長の有力な家臣の一人だった荒木村重《むらしげ》の息子・村次《むらつぐ》に嫁ぎましたが、村重が謀反を起こし、息子の村次も死んでしまいました。このとき、「ふびんな娘をどうかもらってやってくれ」と託したのが、三宅弥平次です。それくらい、信頼していたということでしょう。

明智秀満には、「琵琶湖の湖水渡り」という有名な伝説があります。光秀が討たれて戦死し、琵琶湖のほとりの坂本城まで羽柴秀吉が攻めてきたときのこと。安土城を守っていた秀満は羽柴軍の兵を避け、湖水を渡って坂本城に入ります。そして、光秀が集めていた茶の湯道具や刀などの名物がこの世から消えるのを惜しみ、羽柴方に渡したのちに城に火をかけ、切腹したそうです。花も実もある武将だったんですね。

明智光忠《みつただ》

明智光秀の従兄弟だと言われている人です。

あまり信憑性はありませんが、『明智軍記』には、美濃の明智城が斎藤道三の息子・義龍の攻撃によって落城したとき、城主だったおじさんが「俺はここで腹を切るから、お前は脱出しろ」と光秀に言ったと記されています。この城主であるおじさんの子どもが、たぶん明智光忠だったんだろう、と言われています。同じ明智一族であったことは間違いないでしょう。明智光忠のところには、明智光秀の次女が嫁いでいます。

斎藤利三《としみつ》（内蔵助）

いろいろと俗説・伝説が多い人物なのですが、それには理由があります。

斎藤道三が美濃の戦国大名になるために乗っ取った斎藤家の本家の継承者こそ、斎藤利三。つまり、斎藤道三とは血のつながりのない、でも斎藤家を代表する人物です。

本家の斎藤家は、美濃で代々守護代をしていた家柄ですから、幕府とのつながりも深く、利三の妹は「四国の覇者」と言われる大名・長宗我部元親の正室になっています。娘を長宗我部に嫁がせるほど格の高い家だった、とも言えるでしょう。光秀が将来「戦うのはやめて、織田の家来になりませんか？」と長宗我部に交渉するときも、利三が大活躍します。

利三は「頑固一徹」の語源になったとされる美濃の大名・稲葉一鉄《いってつ》の家臣でしたが、やがて明智光秀の家臣になりました。

のちに春日局《かすがのつぼね》となったお福さんの父親としても知られています。

藤田行政《ゆきまさ》（伝五《でんご》）

昔から明智光秀に仕えていたと言われています。どこの出身か不明なところをみると、格の低い武士の出身かもしれません。

溝尾茂朝《しげとも》（庄兵衛《しょうべえ》）

この人も出自は不明。『細川家記』には、明智光秀が足利義昭と織田信長の仲介をしたとき、光秀の家人として登場しますが、真偽は不明です。近江の出身だと言われているので、光秀が近江の坂本で活躍するときに登用、もしくは抜擢したのかもしれません。

こうして見てみると、五人の重臣の中に室町幕府の関係者が一人もいないことがわかります。このことが何を意味するのか、後ほど明らかにします。

光秀の転機は・・・

信長に出会ったことが人生を変えたことは間違いない。
いきなり京都奉行！　大抜擢である。
比叡山焼き討ちの武功によって、坂本城の城主にもなった。
戦の合間には、自慢のお城で一流文化人たちと連歌会。
娘たちは美濃時代からの信頼できる家臣たちに嫁ぎ、
明智家はこれで安泰！
（とならないことは当然ご存じですね）

第4章　出世の謎

使命感とプレッシャーに苦悩する五十代

足利義昭が京都から追放されたことで、室町幕府はついに滅亡のときを迎えました。その直後、なんと信長は、朝廷を通じて天皇に「そろそろ改元していただけませんか？」とおねだりし、元号は「元亀《げんき》」から「天正《てんしょう》」へと改元されます。天皇家でも将軍家でもない武家政権が改元に口を出すなんて、前代未聞です！以降、信長は危機的な財政難に陥っていた朝廷のスポンサーとなり、互いにウインウインの関係となっていきます。

こうして、幕府という古いシステムを取り払った武家政権「織田政権」が本格的にスタートします。

とはいえ、義昭は実権こそ失ったものの、征夷大将軍の職を解かれたわけではありません。そのため、織田政権の力の届かない地方などでは、相変わらず将軍としての権威をある程度は持ち続け、活動していました。

義昭に味方して幕府の復権に賭けるべきか、それとも、新しい織田政権につくべきか…地方の有力領主たちは織田信長への評価に迷い、勢力争いはますます激しくなっていきます。

一方、大坂では、一向宗の石山本願寺を中心とする宗教的武装勢力が、戦国大名なみの一大勢力となっていました。

義昭派と石山本願寺派、さらに毛利や武田、上杉、長宗我部といった地方の有力武士たちが複雑に絡み合いながら、織田政権の前に立ちはだかっていきます。

そんななか、光秀は信長の命を受け、丹波攻めを開始します。同時に、信長に呼ばれれば全国各地のどこにでも出陣していきます。

過労死しそうなくらい超ハードな戦の日々に光秀は耐えられるのか！

そして、想像もしなかった大出世のプレッシャーに耐えきれるのでしょうか！

信長が義昭を追放したのは、時代の要請だった!?

「比叡山の焼き討ち」の後、織田信長は浅井・朝倉連合軍と小競り合いを続けていましたが、二年後、坂本城が完成した年に朝倉義景と浅井長政はともに自刃しました。

一方、足利義昭はどうなったでしょう。

信長は、「比叡山の焼き討ち」の翌年、義昭に『十七か条の異見状』を送りつけます。「将軍としてまったくなっていない。強欲なことばかりして。農民町民にまで嫌われている」といった内容の、義昭の将軍としてのあり方を痛烈に批判した文書です。

頭にきた義昭は、武田信玄や朝倉義景（このときはまだ健在）、六角氏一族らに出兵を要請しますが、まもなく信玄が病死。義昭は二条城に立てこもりますが、信長は京都の北エリアの上京を焼き尽くすという、とんでもない方法で義昭を威嚇《いかく》します。

すでに、幕府を必要としない世の中になっていた。
幕臣や地方の有力者たちも、
義昭に味方する価値はないと判断していた。

それでもあきらめきれない義昭は、挙兵して失敗。最終的には信長が義昭を京都から追放し、天正元年（一五七三年）、室町幕府政権は完全に解体されました。

義昭を追い出したやり方そのものは、「比叡山の焼き討ち」にも似た残虐性を帯びています。しかし、すでに幕府の衰退によって荘園制などの中世的なシステムはすっかり崩壊し、義昭を支えてきた幕臣や地方の有力者たちも、「義昭の復権にかけるか、信長に従うか」という選択を迫られる中で、「もう義昭に味方をする価値はない」と判断したのではないでしょうか。そういう意味では、信長は〝時代の要請に従って行動しただけ〟とも言えるでしょう。

かくして、いよいよ信長は、次の目的に向かっていきます。それが、丹波攻略です。

光秀が丹波を任された本当の理由は？

丹波は、現在の京都府の中央部と兵庫県の東部を合わせたあたり。横長のパズルピースのような形をしています。その右側、つまり東隣は、京の都がある山城国《やましろ》です。このような地の利から、丹波は昔から京都と非常に密接なかかわりがありました。

もともと丹波は、将軍の次に偉い「管領《かんれい》」の一人、細川家ががっちり握っていたのですが、幕府の衰退とともに細川家の力はすっかり衰退。代わりに地元の有力領主がどんどん勢力を拡大していきました。

国人領主あるいは国衆《くにしゅう》領主と呼ばれる彼らは、十五代将軍・足利義昭の上洛後、義昭と信長に協力する姿勢を見せていました。ところが、義昭と信長が対立すると、有力領主たちも義昭派と信長派の二つに分かれて対立。義昭が京都を追放されると、ますます対立が深まっていきます。

京都に近いということは、「すぐ京都を襲える」ということです。

また、丹波の北には日本海側の交易を握る丹後《たんご》や若狭《わかさ》もあり、京都の経済のためにも丹波をしっかり抑えておく必要がありました。

そして、もう一つ。信長の頭の中には、毛利の二字が浮かんでいたはずです。

中国地方を手中に収めるには、毛利を攻略しなければならない。山陰道の東端にある丹波は、そのためにも絶対に必要な国だったわけです。

そこで、信長は光秀に丹波平定を命じました。

しかし、「そうか、光秀って優秀なんだな。だから、丹波のような重要な国の攻略を任されたんだな」というだけで終わっていいのでしょうか？

実は、このとき、光秀が持っていたのは近江の坂本五万石のほか、山城などに持っていた領地を合わせても十万石くらい。となると、兵隊は頑張っても二〜三千といったところでしょう。

では丹波はどうかというと、丹波国三十万石、兵にして七千。問題にならないくらい大きな差があります。

たとえば、織田家の重臣ナンバー1の柴田勝家は、この後、北陸に派遣されますが、その本拠地となる越前は、信長が自ら平定しています。つまり、織田家が総力を挙げて平定した越前を、「はい、ここまでやったから、後はお前が頑張れよ」といって、越前五十万石くらいを勝家が預かって、北陸に進軍するわけです。

さらには、中堅武将の前田利家《としいえ》や佐々成政《さっさなりまさ》が彼の部下として配置され、その上で織田家の重臣が入れ替わり立ち替わりサポートにつくこともありました。

ところが、光秀にはサポートなしで「自分で頑張ってね」とポンと任せています。光秀にアドバンテージがあるとすれば、それは、「織田家中の明智だ」ということだけです。事実、光秀は「日の出の勢いの織田家に味方するか、それとも敵にまわるか」ということを丹波の有力者たちに突きつけて、「織田家に入りませんか?」と調略してまわりました。

ただ、相手がどれくらい本気で「織田家についていきます!」と言ったのか、それはまた別の問題です。地方の武士たちは、「今、全国で何が起こっているか、信長はその中でどんな存在か」ということには、けっこう疎《うと》かったはずです。今のように情報が豊かな時代ではありませんし、そもそも当時の武士たちは「自分の国さえよければ、それでいい」というのが基本です。「あの織田信長の家臣の、明智光秀が来た！」といっても、ピンと来ない奴もいるわけです。

するとどうなるか？　一度は「味方します」と言っても、舌の根が乾かないうちに「やっぱり敵方についちゃいました」ということが、よくあります。実際、丹波攻めは、味方が裏切ったり、寝返ったりということの連続でした。

信長が光秀に丹波攻めを任せたのは、「ちゃんと調略できるか」「この先、もっと大きな仕事を光秀に任せてよいか」、テストのつもりもあったのではないでしょうか？

信長の抜擢人事は、抜擢されたほうにしてみれば「試されている」というプレッシャーを感じるものです。それをどう乗り越えられるかが出世を左右するんです。

丹波は今後の信長の計画にとって、とても重要な国。光秀がどこまでやれるか、テストのつもりで任せた!?

光秀、黒井城から敗走し、病に伏す！やはりストレスか？

天正三年（一五七五年）、丹波攻めを任された光秀は、信長から「惟任《これとう》」の名字を与えられると正式任官「日向守《ひゅうがのかみ》」に任じられます。これを受け、光秀はそれまでの「明智十兵衛尉」から「惟任日向守」と名乗るようになりました。「惟任」とは九州の名族で、「日向守」とは九州の日向国の官職の名称です。この時点で、信長が光秀をいずれ九州に…などと考えていたかどうかはわかりませんが、「これとう　ひゅうがのかみ」とはまた、うやうやしい名前です。

なんのサポートもしない代わりに、丹波での調略を成功させるために、箔《はく》のある名前を与えたということでしょう。まあ、どこまで効果があったかは疑問ですが。

以降、光秀は基本的には「明智姓」を使わず、文書に署名するときなども「惟任」

や「日向守」、「光秀」という名前だけを記すようになります。専門家が古文書を読むときは、どの名前を使っているかで、年代などを判断したりするわけです。

さて、「惟任日向守」となった光秀は、「織田方につきます」と約束してくれた国衆たちを従え、丹波で一番大きな勢力を持つ、赤井直正《なおまさ》の黒井《くろい》城の攻略に着手します。

この赤井直正、戦が上手い勇猛な武士だったようで、「赤鬼」と怖れられていました。光秀も当初からかなり苦戦していたのですが、なんと戦の途中で「織田の味方をします」と言っていた八上《やがみ》城の城主・波多野《はたの》秀治《ひではる》があっさり裏切り、敗走を余儀なくされます。いきなり「裏切り」の洗礼を受けた光秀は、いったん退却。丹波攻めを再開したのは、一年近くも後です。

これだけ聞くと、なんだか怖れをなして逃げ出したかのようですが、光秀は丹波だけで戦っていたわけではありません。本拠地・坂本での仕事もあるし、信長に呼ばれれば他の戦にも向かわなければなりません。とにかく多忙なのです。

黒井城攻めの直後も、信長の命令で石山本願寺との戦いに出陣。この戦いは、逆襲を受けて司令官の塙直政《ばんなおまさ》が戦死するほどの激戦でした。その後、陣中で過労で倒れ、数カ月間静養したと言われています。

これが天正四年（一五七六年）五月のこと。十一月には愛妻の熙子さんが亡くなっていますが、同じ頃、丹波における新たな拠点となる亀山城（現・亀岡市）の築城に着手。それからさらに各地で転戦し、ようやく丹波攻略を再開できたのが天正五年（一五七七年）十月でした。

過労死しそうなハードスケジュールなのに、「本当によくやるな、エライよ」としか言いようがありません。光秀にとっても、丹波攻略を成し遂げることはそれほど重要だった、ということでしょう。

さて、前回の丹波攻めを第一期丹波攻めとすると、第二期丹波攻めは、かなり綿密な計画のもとで行われたようです。

まず、山城の国に近い丹波の東南端に位置する亀山城を拠点とし、そこから北西に向かって進軍し、信長方に逆らう勢力を一つ一つ攻略しながら、最終的に黒井城を落とす作戦です。

この作戦が効を奏し、寝返った波多野氏の八上城など、次々と落城していき、黒井城もついに落城。無事に丹波を平定したのが、天正七年（一五七九年）九月。翌十一月には細川藤孝と協力して丹後国も平定。信長に丹波・丹後平定を報告しています。

第二期丹波攻めも、途中で秀吉の毛利攻めの援軍として播磨《はりま》国に派遣されるなど、かなりのハードスケジュールでしたが、第一期の出陣から、ちょうど丸四年で丹波攻略をやり遂げたことになります。

実は、最大の問題だった黒井城の城主・赤井直正は、丹波平定の前年に病死しています。「もし直正が生きていたら、丹波攻めはもっと長引いていたかも」という人もいますが、それはわかりません。光秀だって第一期丹波攻めの後で倒れ、一年近くブランクがありました。戦においても、史料を正しく読むということにおいても、「もし…」という仮定にあまり意味はないのです。

光秀は、丹波攻めと同時に各地を転戦していた。
かなり過酷なスケジュールをこなしていたのだ！

明智光秀はこうして丹波を攻めた！

1575年9月、信長より丹波出陣の命を受け、1度目は、赤井直正のいる黒井城から攻めたが、失敗。2度目は亀山城を拠点として西へ向かい、4年かけて丹波を平定した。

丹波
丹後
但馬
天田郡
山陰道
横山城
1579年8月落城
福知山城として改築
（娘婿・明智秀満が城主に）
1度目は出陣後、
まず黒井城へ。
氷上郡
黒井城
1575年11月黒井城
（赤井直正）攻め
→八上城の波多野秀治
の謀反により退却
1579年８月落城
（斎藤利三が城主に）
1579年9月
落城
国領城
1579年6月落城
（明智光忠が城主に
1578年に
光秀が築城
金山城
多紀郡
八上
播磨

「丹波平定に四年」というのは、長いか短いか?

光秀は四年で丹波平定を成し遂げました。

これは、「わずか四年で」と言っていいのでしょうか?

武田信玄を例に考えてみましょう。武田信玄は、戦国時代の武将の中でも極めて有能な武将として知られています。その武田信玄でも、信濃《しなの》国をすべて手に入れるまでに十年かかっています。その後さらに上杉謙信との「川中島の戦い」に十年の歳月がかかっており、ガッチリと信濃を自分のものにするのに合計で二十年かかっています。

それだけかかっても、一つの国を一代で自分のものにした戦国大名は、非常に優秀だと言われるわけです。

そういう意味では、たとえ「あの織田信長の重臣だ」というアドバンテージがあったとしても、四年で一国を攻略してしまうというのは、かなりのスピード攻略であり、よほど光秀の能力が高かったのだろうと考えられます。

少なくとも、調略の能力だけ、戦の能力だけが高くても無理です。一国を平定するためには、自分の兵たちのモチベーションを維持する、食事を十分に用意してしっかり食べさせる、睡眠などのスケジュールを確保するといった、さまざまな気配りや調整能力が必要となります。

それらの総合的能力を併せ持っていてこそ、一国の平定が可能となります。そういう意味では、光秀はどの能力のレベルも高い、バランスのいい武将といえるのかもしれません。

「甲斐《かい》の虎」武田信玄ですら、
完全に信濃を掌握するのに二十年。
そういう意味では「わずか四年」と言える。

領民から慕われていたのは本当？単なる伝説の可能性は？

「比叡山の焼き討ち」で積極的に多くの人を虐殺し、「本能寺の変」では主を殺してしまう…。そのイメージが強すぎるのか、光秀にはあまりいいイメージで語られることがありません。

しかし、丹波の領民たちの間ではなかなか評判がよかったようです。光秀が築いた城がある福知山には、光秀を祀《まつ》った御霊《ごりょう》神社があります。これは、丹波攻めの後、荒れ果てた領地の復興に積極的に取り組んだことに由来していると考えられています。

たとえば、天正九年（一五八一年）、光秀は藤孝とともに丹波の検地を行っています。これにより、千石を一村と定めて一人の名主を置き、そこに代官を置きました。この代官も、領民を家臣として取り立てて任命するというスタイルだったようです。

信頼性の低い史料にも、真実が混ざっていることがある。「ウソをつく必要のないこと」は、本当かも！

また、福知山では、城の近くを流れる由良川《ゆら》の治水工事をして氾濫に苦しむ領民を救ったという伝承が残っています。確かな史料がないので「単なる伝承」として無視することもできますが、こうした伝承が丹波に複数残っていることを考えると、何らかの親切や善行をして、その話が大きく膨らんでいったのかもしれません。

後の記録や伝承など、あまり史料としての価値が高くないものであったとしても、すべてがウソとは限りません。案外、本当のことが書いてある場合もあります。とくに、「いまさらウソをつく必要のないこと」の場合、本当である可能性もあります。光秀は、本能寺で信長を殺した大罪人となってしまいました。にもかかわらずよい伝承が残っているとしたら、ある程度信頼できると思ってもいいのではないでしょうか。

丹波平定で光秀は何を手に入れたのか？

丹波平定に成功したと聞いた信長は、ただちに丹波国二十九万石を与えました。これで光秀の領地は、坂本五万石と合わせて三十四万石です。

また、丹波攻めの最中に光秀とともに石山本願寺で戦い（石山合戦）、討ち死にした塙直政の支配地、南山城（城ではなく、山城国の南エリアのこと）も与えられました。

さらに、丹後国の細川藤孝、大和国の筒井順慶《じゅんけい》ら、近畿地方の大名たちを光秀の与力、つまり部下として配属させました。

光秀の所領と与力の所領を合わせると二百四十万石。戦前から戦後にかけて活躍した歴史学者・高柳光寿《みつとし》は、こうした光秀の役割を「畿内管領《きないかんれい》」と呼びました。これは近畿の総司令官という意味です。

おそらく、一番最初に近畿地方を任されていたのは、前出の石山本願寺で討ち死にした、塙直政です。その後を引き継いだのが、佐久間信盛《のぶもり》。しかし、佐久間信盛はその使命を果たせていないとして追放され、その後任として近畿地方を任されたのが光秀というわけです。

そもそも、信長にとって近畿地方での一番の敵は、大坂城にある石山本願寺の勢力です。もっといえば、織田家のすべての戦いにおいて一番大変だったのは、石山本願寺、つまり一向宗との戦いです。一向宗の信徒たちが起こした武家政権に対する抵抗運動、いわゆる一向一揆は、戦国時代が始まって以来、摂津の大坂を拠点として勢力を拡げ、武家政権をおびやかす存在となっていきました。

天正八年（一五八〇年）に信長が石山本願寺のトップだった顕如《けんにょ》上人と和睦するまでは、信長にとって目の上のタンコブ以上の存在だったはずです。

近畿地方の大きな敵はすでにだいたい潰してきましたが、それでもさまざまなところで戦いの火種はくすぶっています。それらをしっかり抑えてほしいというのが、信長が光秀に期待した役割だったのでしょう。

信長は晩年、信頼できる重臣をいろいろな地方に配置して任せる、ということを始めています。

たとえば、北陸を任せたのは、織田家の重臣トップの柴田勝家です。どういうわけか、この人には非常に手厚いバックアップ体制が取られていて、前田利家や佐々成政をはじめとする非常に優秀なメンバーを与力として配置しています。

北陸の最大の敵は上杉家で、上杉謙信亡き後は柴田勝家が着々と東に勢力を伸ばしていきました。「あと一歩だ、上杉家の滅亡は時間の問題だ」というところで「本能寺の変」が起きたため、「本能寺の変で一番得をしたのは、滅亡をまぬがれた上杉家だ」という人もいるくらいです。

さて、関東地方の総大将に起用したのは、嫡男の織田信忠《のぶただ》でした。といっても、実質的な関東司令官は、滝川一益《かずます》。「攻めるも滝川、引くも滝川」と言われるくらい戦に長け、出自は不明ですが信長に大抜擢され、織田信忠の与力となって武田家をみごと滅ぼしています。

次に、中国地方を任されたのは秀吉です。秀吉は、光秀と同じで信長からの格別なバックアップはありません。まず、播磨国を平定して姫路城を与えられ、ここを本拠地として毛利との戦いに挑みます。

これは非常に苦しい戦いです。信長の家臣だった荒木村重が毛利に寝返って中国戦線が崩壊しかねない窮地に立たされたり、一度は「織田家に味方します」と言っていた東播磨の別所一族がコロッと裏切って危機的状況に立たされたり。

信長のすごいところは、それでも、いったん任せた以上「いちいちうるさいことは言わないから、どんどん行け」というところです。戦前の在野の歴史研究者、山《やま》路《じ》愛《あい》山《ざん》は「信長という師匠がいなければ、前田利家も佐々成政も、堀秀政《ひでまさ》も佐久間盛政《もりまさ》も、『いたずら者』で終わっていたかもしれない」と言っています。もしかすると、秀吉や光秀も、織田信長の作品なのかもしれない。こうしてトップ3（柴田・明智・羽柴）がそれぞれの役割を果たし、信長の天下統一の野望を支えていきます。

光秀は、丹波二十九万石をもらうと同時に、畿内の大名たちを与力として配属された。与力の所領も合わせると、なんと二百四十万石。

信長が光秀に期待していたのは、親衛隊としての役割!?

光秀が丹波平定を完了したのと、秀吉が播磨平定を完了したのは、だいたい同時期です。しかし、その後も秀吉は中国地方平定のため、さらに西へ西へと進みます。でも、光秀はすでに畿内管領となっていて、次なる目標はとくにありません。

これは、「畿内をしっかりと守ってくれ」という意味ではないでしょうか。

丹波平定の際、光秀は亀山城のほかにも総石垣の周山城《しゅうざん》を築城しています。また、横山城を修築して福知山城と改名したのをはじめ、赤井直正がいた黒井城を増築するなど、次々と戦で損傷した城をきちんと整備していきました。

そして、福知山城を長女が嫁に行った明智秀満に与え、八上城を次女が嫁に行った明智光忠に任せ、さらに黒井城は斎藤利三に任せました。ちなみに、斎藤利三の娘でのちに春日局と呼ばれたお福は、この黒井城で生まれたとされています。

では、どの城を丹波での居城にしたかというと、亀山城です。

つまり、光秀自身は近江の坂本城と、丹波の亀山城を往復するようになったといえるでしょう。

この二つの城と京都の位置を地図で見てみると、まるで西の亀山、東の坂本で京都をサンドイッチしているように見えます。

西から京都に入ろうとすると、亀山城を通らなければならない。東から京都に入ろうとすると、坂本城を通らなければならない。まさに、京都という都市をしっかり握っているかっこうです。

これで、とりあえず京都の治安や経済は安定するはずです。

また信長は、大坂の石山本願寺の力を抑えた時点で、安土から大坂へ本拠地を移そうとしていた、と言われています。

そのプランが実現する前に「本能寺の変」で信長が死んでしまったので、実際に大坂城を建てたのは秀吉です。ただ、秀吉は光秀を討った後、あっという間に大坂城を完成させてしまったことから、秀吉は信長のプランを実行しただけで、信長は生前に大坂城を築く下準備をかなり進めていたのではないか、と考えられています。

だとすると、やはり近畿地方で中央政権を運営する気だったと考えられるわけです。その大切な近畿地方を光秀に任せたということは、信長は重臣の中でも光秀を一番近くに置き、信長を守る親衛隊の役割をさせようとしていた、ということになります。

それほど光秀を高く買い、信頼していたことは間違いありません。

だとすれば、「本能寺の変」で攻めてきた敵が光秀だと知ったときの、信長の有名な言葉も納得がいきます。

「是非におよばず」

一般的には、「光秀ほどの才能がある人間が攻めてきたのなら、どうあがいても逃げ切れない。仕方ない。潔く自害しよう」という意味だろうと言われています。

しかし、もしも光秀の軍を親衛隊だと位置づけていたならば、「光秀を信用し、自分の一番近くに置いて親衛隊の働きを命じたのは、他でもないオレ自身だ。その親衛隊である光秀が裏切ったというならば、オレもここまでだ。仕方あるまい」という解釈も成り立つのではないでしょうか。

信長は油断していた、とよく言われます。でもこの指摘は正しくないと思う。権力者は信頼できる者に身を守らせる。信長にとってはそれこそが親衛隊であり、光秀の軍勢だった。信長は光秀が守ってくれるから、と京都に少人数で宿泊した。ところがその光秀に襲われた。だから彼は油断していたわけではありません。光秀に親衛隊を任せた。その判断が正しくなかった、人選を誤ったというべきです。

信長は安土城から大坂城へ
拠点を移そうと考えていたらしい。
となれば、光秀に親衛隊の役割を期待していた!?

光秀と秀吉は、実は仲が良かった？

光秀と秀吉は、どんな関係だったのでしょう？

まじめでクール、武将としての力もあるけれど、かなり教養の高い文化人としての側面も持つ光秀。

非常に優秀な武将ではあるが、あまり教養がなくお調子者の愛されキャラの秀吉。

二人のタイプは非常に対照的で、一見すると、あまり気の合う仲とはいえない気もします。

ただ、秀吉が播磨で味方の裏切りにあって苦戦していたとき、光秀が助けに行ったことがありました。播磨と丹波は隣同士ですから、二人が連携し、助け合いながら播磨と丹波の平定を成功させたのは確かでしょう。

また、秀吉にはこんなエピソードもあります。

柴田勝家が上杉謙信との戦を展開しているとき、信長は秀吉に「勝家のところへ応援に行ってこい」と命じました。ところが、指揮権は柴田勝家に与えられていたため、「おまえの指揮でなんか戦えるか！」と柴田勝家と大喧嘩をして帰ってきちゃった、というのです。これは明らかに軍令違反ですから、本来なら首をはねられる可能性だってあります。それでも、秀吉はガマンできずに帰ってしまったわけです。

だとすれば、秀吉はガマンが苦手な性格です。ケンカもせずに光秀と連携して戦っていたなら、それほど嫌いではなかった、どちらかといえば仲は良かった、と考えたほうが自然です。

柴田勝家とケンカして帰ってくるほど秀吉は短気。
光秀と連携して戦っていたということは、
仲は悪くなかったはず。

本当は誰も「天下布武」の意味を理解していなかった!?

家臣たちが各地を次々と平定していく中、信長の大きな野望である「天下布武《てんかふぶ》」が、いよいよ現実味を帯びていきます。都から遠く離れた地方の武士たちも、どんどん拡大していく信長の勢力を肌で感じながら、「これからは信長の時代だな」と感じ始めていたはずです。「織田家の味方になりませんか？」と各地で調略している家臣たちも、だんだん仕事がしやすくなってきたのではないでしょうか。

しかし、地方の武士たちはもちろん、都の武士たちも、「天下布武」の意味を理解できていたのでしょうか？

永禄十年（一五六七年）、信長は美濃・井ノ口に攻め入り、斎藤龍興《たつおき》を追い払って美濃を平定しました。このとき、井ノ口を「岐阜」に改名したといわれています。

一説によれば、この「岐阜」という名前を考案した僧侶・沢彦宗恩《たくげんそうおん》が「岐阜の『岐』は、中国の王朝が周《しゅう》に移り変わるとき、鳳凰《ほうおう》が舞い降りた山『岐山《きざん》』にちなんだものです。あなたはきっと天下を治めるでしょう」と言ったことから、天下統一を意識し始めたとされます。

では、「天下布武」とはどういう意味でしょう。

ストレートに現代語訳すれば、「武力をもって天下を取る」あるいは「武家政権を構えて全国を支配する」となります。近年、「武」は武士の武ではなく、中国の歴史書にある「七徳の武」、から取ったもので「天下泰平の世をつくる」という意味が込められている、という説も出ています。

ですが、その前に考えるべきは、「天下布武」の「天下」とは、何を意味するのか？ということ。最近の学会では、「天下」とは「日本」のことではなく、「畿内」か「京都」のことではないか、という説が登場しているのです。

確かに、戦国時代には「日本」という概念すらありませんでした。その状況下で、みんなが京都を目指していた。だから、「天下を取る」というのは「京都を取る」ということだというわけです。

信長の「天下布武」も、京都を中心とする周辺地域の秩序を回復しようとしただけだ、信長はそんなに革新的な戦国大名じゃなかったんだ、という説まで出てきました。

結論から言うと、私は「それは違うんじゃない？」と考えています。

京都や畿内を「天下」ととらえる根源には、「幕府」や「朝廷」「天皇」を重視する考えがあります。

しかし、信長はむしろ「室町幕府」を滅ぼした人です。

古代から続く「抜擢などあり得ない世の中」をいとも簡単にくつがえし、身分や世襲にとらわれない大胆な人材抜擢を自由に、どんどんやってのけた人です。

その彼が、「京都」や「近畿」という狭い範囲を「天下」ととらえるでしょうか？

もし、信長が本当に「京都＝天下」だ、「京都が一番大事だ」と思っていたなら、上洛後、真っ先に朝倉征伐のために越前（福井県）へ行ったのはなぜでしょう？　越前よりも先に京都に近い丹波に行って、がっちり京都を守るべきだったのではないでしょうか？

しかも、信長は安土城から大坂に拠点を移そうとしていたと考えられています。なぜ、京都を飛びこして大坂なのか。

こうした疑問から導きだされるのは、やはり信長が目指していたのは全国統一、つまり日本統一だったと思うのです。

とはいえ、戦国時代の武将には、信長のような革新的発想がなく、心の中はいつも幕府や朝廷の存在に縛られていたかもしれません。そんな彼らも、信長の勢力が近畿、中部、中国、四国などへ及んでいくのを見て、次第に信長の言う「天下」がいかに大きいか、気づき始めていたはずです。

でも、それが実証される前に信長が殺されてしまい、信長の言う「天下」が何だったのかを、信長の行動や言葉で知る機会は失われてしまいました。

信長の言う「天下」が「京都」や「畿内」だというのは誤解。信長はもっと広く「全国」を見据えていた。

「家中法度」でわかる光秀のプライド

信長の心が「天下布武」に向かって大きく前進していく一方で、光秀は信長に任された「畿内管領」としての責務を全うしようとしていました。

そのうちの一つとして、『家中法度』と呼ばれる〝家臣たちの京都の町におけるマナーブック〟のようなものを発行しています。たとえば、「坂本や亀山と京都を行き来するときは、町中ではなく町外れを通りましょう」とか、「大声で口論やケンカをして、京都の町の人に迷惑をかけないようにしましょう」「運送業者（馬借衆）に失礼な態度を取らないようにしましょう」など、家臣たちのふるまい、礼儀に関する細かい注意をまとめたものです。

それまで、位の高い武将がそんなマナーブックを作ったという例はほとんどありま

群雄割拠の世に翻弄されてきた光秀にとって、「天下布武」はテーマとしては大きすぎた!?

せん。それくらい真摯に、まじめに、京都や畿内を守ることを考え、プライドを持って仕事をしていたのでしょう。

光秀が、信長の「天下布武」という大きな野望について、どこまで理解していたかはわかりません。しかし、光秀は戦国の世に生まれ、「群雄割拠《ぐんゆうかっきょ》」、つまり有力者たちが勢力を張り、競いあっているのを当たり前のように見て育ってきました。しかも、美濃を追われ、辛い牢人時代を過ごしてきました。それでも、一生懸命努力して、ようやく夢をかなえて出世し、今の地位にまで登り詰めたのです。

そんな光秀にとって、信長の目指す「天下布武」は、あまりにも壮大なテーマで「わかるけど、今のままでもいいのになあ」という気分だったかもしれません。

信長を討つ動機が光秀に芽生えたのはいつか？

光秀というのは、本当にまじめな人です。

『家中法度』が定められたのと同時期に、『家中軍法』も発布しています。こちらは〝戦場での規則と俸禄《ほうろく》基準ガイドブック〟ともいえるもの。戦場の基本的な規則やマナーを知らない低い身分出身の家臣が失敗したり、恥をかいたりしないように、戦場での基本的ルールが定められています。

また、俸禄の高さに応じた軍役システムについても非常に細かく設定されていて、まるで企業の社則や就労ガイドブックのようでもあります。

しかし、どうにも気になるのは、その末文にある「信長への感謝」「尊敬」と思える言葉です。

少なくとも、「本能寺の変」の一年前まで光秀は信長に感謝していた!?

「私は、瓦礫《がれき》や小石のような低い身分から信長さまに取り立てられ、このような莫大な軍勢を任されるまでになった。（中略）奮起して抜群の功績をあげれば、必ず信長さまに報告し、重く取り立てるから、この家中軍法をよく守ってほしい」

この『家中軍法』が発布されたのは、「本能寺の変」のちょうど一年前です。つまり、天正九年（一五八一年）六月の時点では、信長に感謝していたということになります。

もし、この時点ですでに信長を討とうと計画していたなら、「功績を上げれば、必ず信長さまに報告し、重く取り立てる」などと言うとは、普通は考えられません。

もし、この時点で信長を討とうと思っていなかったのなら、以降一年間で、光秀にいったい何があったのでしょう？

光秀の出世は・・・

「天下布武」の野望を持つ信長は、全国各地の攻略と平定に取りかかる。
光秀は丹波を任され、苦戦しつつも丹波平定を成功させる。
その功績により、丹波二十九万石を与えられ、
同時に近畿地方の大名たちが光秀の与力として配属されたことで、
光秀は一気に二百四十万石を握る「畿内管領」となる。

第5章　本能寺の変の謎

光秀、信長を討つ！

天正十年（一五八二年）六月二日。うっすらと夜が白みかけてきた頃、朝駆けで集結した明智軍一万三千余の兵が、すでに本能寺を包囲していました。

光秀が亀山城から出陣したのは、前夜の午後四時頃。この時点では、まだ重臣たちにすら本心を明かしていません。「信長さまが閲兵《えっぺい》するとの仰《おお》せなので、京に向かう」とだけ説明して東へと向かいました。

軍勢一万三千が勢揃いしたのは、東方に二・五キロほど進んだ篠村《しのむら》八幡宮。光秀はここで初めて、五人の重臣に計画を打ち明けます。が、みな躊躇《ちゅうちょ》のそぶりも見せず、粛々と念入りな打ち合わせを始めました。

「老《お》ノ坂《さか》を越えて摂津を進軍する」とだけ告げられ、東へと向かう軍勢。午後十時頃に老ノ坂の峠に到着し、峠を越えて沓掛《くつかけ》峠に到着したのは深夜十二時頃。馬を休ませ簡単な夜食をとって再び出発すると、午前二時頃には桂《かつら》川を渡ります。

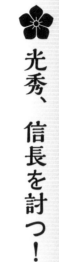

そしてここでようやく、軍団に真実が告げられます。「今日より光秀さまが天下人になられる。出世は手柄次第じゃ。わらじに履き替え、火縄に火をつけ、勇み本能寺へ！」

かくして本能寺を包囲。光秀のときの声を合図に一気に境内へ討ち入り、本堂に火を放ちながら、信長が眠る奥書院を目指します。

一方、信長は昨夜の酒宴の後なかなか眠れず、夜半過ぎに寝入ったばかりでした。ただならぬ物音に目を覚ますと、信長の小姓・森蘭丸《もりらんまる》があわてた様子で光秀の謀反を伝えます。信長はただひと言、「是非に及ばず」とだけ言うと、自ら槍を手に取り戦いますが、負傷して一人奥の間に入り、自決。

これを見届けた軍勢はさらに北へ進軍し、信長の長男である信忠の宿所、妙覚寺《みょうかく》を襲撃。信忠は二条城に立てこもって抗戦するも、多勢に無勢。自害して果てます。

この十一日後、知らせを聞いて急遽《きゅうきょ》駆けつけた、秀吉の約四万の軍勢との戦いに敗れ、光秀は山中で無念のうちに自死。重臣たちも討ち死にあるいは処刑されました。

従って、光秀の動機を語る者も文書もなく、今もその真相は謎のままです。

光秀は、なぜ信長を討ったのか？　乱立するいくつもの説。いくつものウソと誤解……

その中に、真実は隠されているのでしょうか？

偏見と誤解がつくった説はちっとも面白くない！

事件当日、織田家の重臣たちとその軍団は、それぞれの使命を果たすため各地に出払っていました。畿内管領である光秀だけが信長のいる畿内に残されるという、極めて特殊な状況です。

まず、東に目を向けてみましょう。織田家四天王の一人・柴田勝家は北陸にあり、上杉景勝《かげかつ》が支配する越中魚津《えっちゅううおづ》城を攻略中。滝川一益は、武田勝頼父子を討伐して関東を任され、小田原の北条氏と対峙《たいじ》しています。西に目を移すと、信長の三男・織田信孝《のぶたか》と丹羽長秀は大坂にいます。総勢一万四千もの織田軍を大坂の港に集結させ、今まさに四国に向けて渡海しようとしていました。秀吉は備中・高松にあり、毛利攻めに苦戦。光秀に援軍を要請し、その到着を今か今かと待ちわびています。

その日の早朝、すでに織田信長が殺されていたとは、まだ誰も知りません。知らせが届いたのは、早くても翌日三日。ほぼ全員が驚いたと言われていますが、本当に何の予兆もなかったのでしょうか？

現代に生きる私たちは、残されたわずかな史料の中から読み取るしかありません。気をつけなければならないのは、信長の重臣たちも、幕府や朝廷の面々も、ほぼ全員が滅亡後の光秀を「主君を裏切った謀反人」「大罪人」だと認識していることです。

勝てば官軍、負ければ賊軍。「山崎の戦い」で負けてしまった以上、天下人・信長を殺した謀反人の弁護をするものはほとんどいません。

「私は何の関係もありません」と知らんぷりをするか、「やっぱりね。なんだか危なそうな人だと思ってました」などと、適当なことを言い始めます。おかげで、光秀の動機はもちろん、その立場や人間像はますますわかりにくくなっています。

遺恨説からキワモノ説まで、「本能寺の変」に関する説は百花繚乱《りょうらん》。もっともらしいものも、奇想天外でいかにもあやしいものも、まずは疑ってかかりましょう。ウソにまみれた物語は深みがなくてちっと面白くないけれど、真実に近いものほど「なるほど」と誰もをうならせる面白さを放っているものです。

運命の日、光秀は本能寺へ向かった！

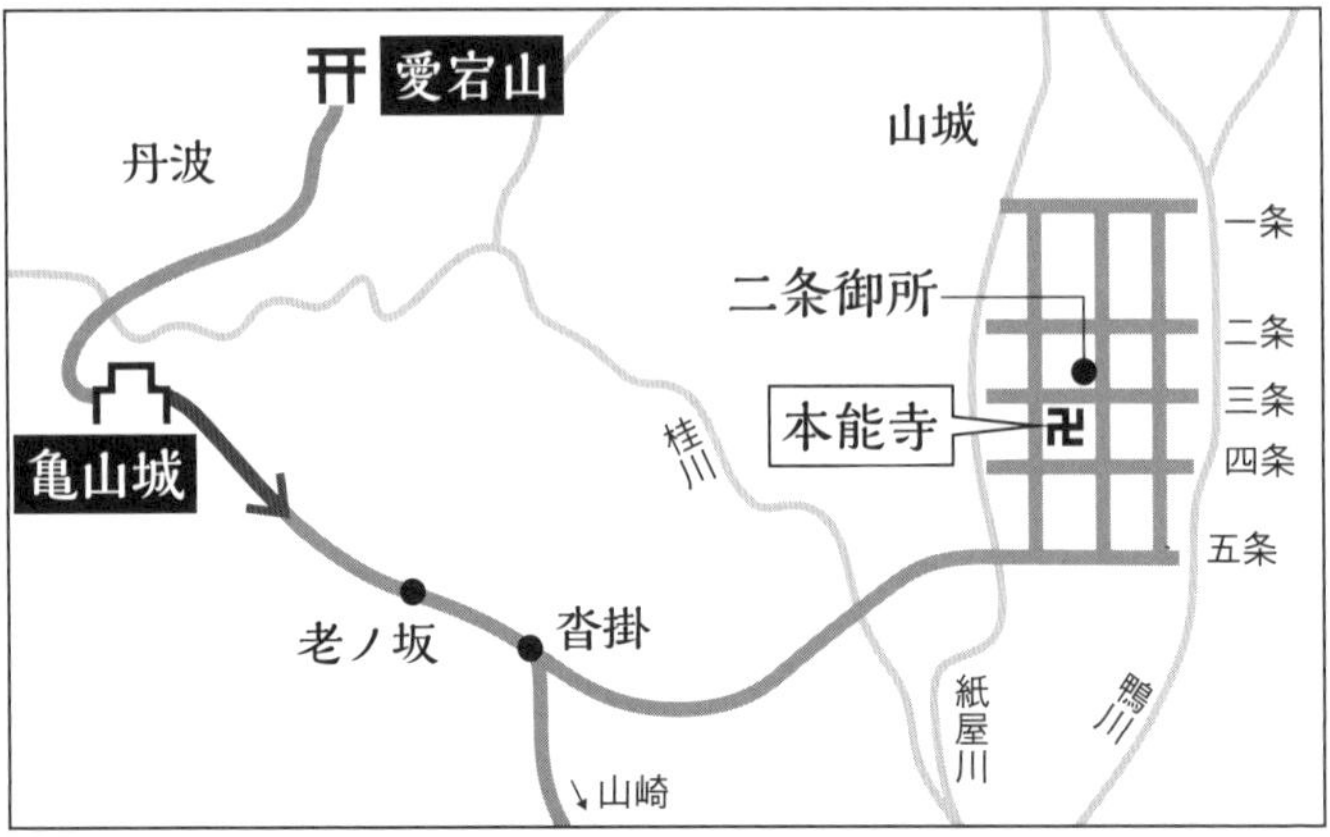

5月28日、光秀は愛宕山で連歌会を開き、「ときは今 あめが下しる 五月かな」と詠んだ。その後、6月1日に亀山城出陣。6月2日未明に本能寺を襲撃し、信長は自害。嫡男ですでに織田家当主となっていた信忠は二条御所で自害した。

ついに秀吉が動き出す！

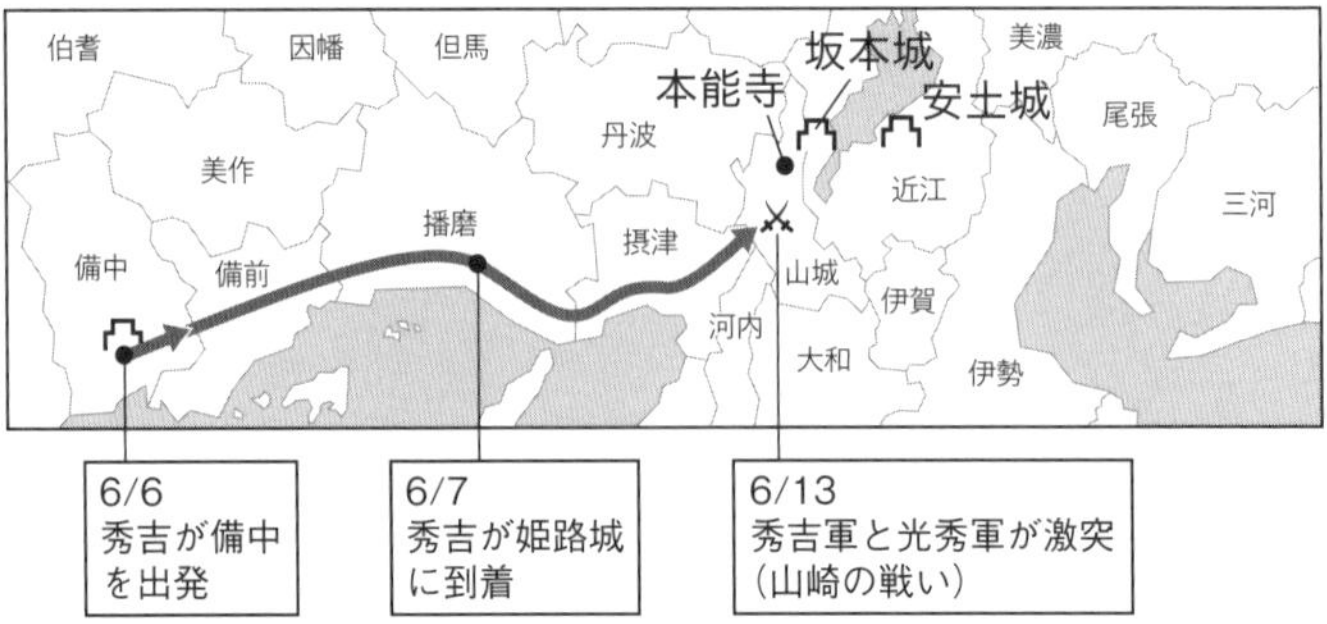

本能寺で主君を討ったのち、光秀は坂本城、安土城と移動し、6月8日に再び安土城を発つと、翌日朝廷に参内。細川藤孝、筒井順慶らに援軍を期待したが叶わず、6月13日、山崎で秀吉と戦うことに！

#「本能寺の変」はこのタイミングで起きた！

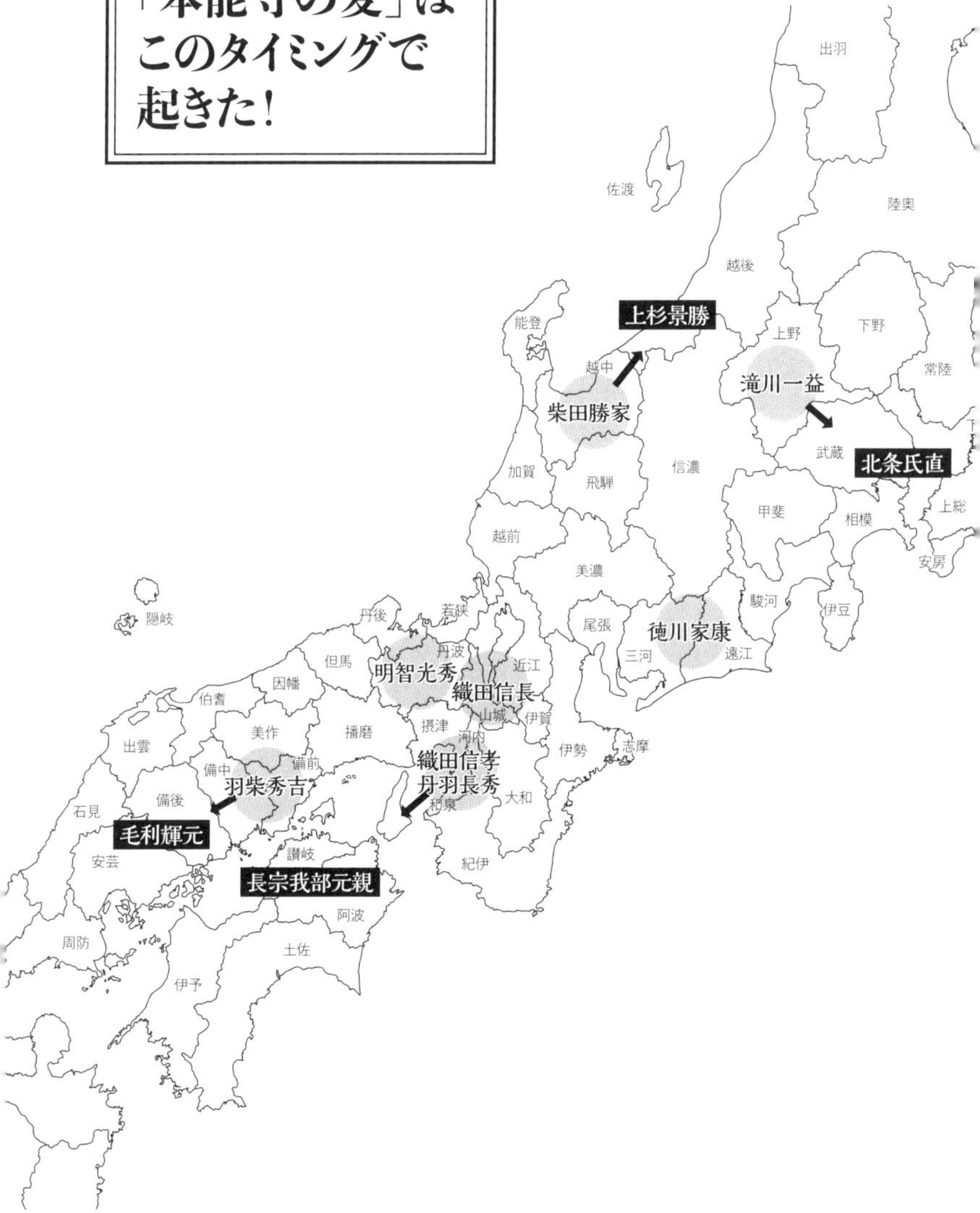

【遺恨説】パワハラされたくらいで今さら?

信長が、大勢の家臣たちの前で光秀を殴ったり蹴ったりした、という話は有名です。ですが、その根拠のほとんどはあまり良質な史料とは言えないものです。少なくとも、同時代に書かれたものではないもの、たとえば『明智軍記』や『川角《かわすみ》太閤記』のように江戸時代に書かれたものは、「光秀が謀反を起こした」という前提で書かれているので、創作や誇張によって面白おかしく書かれている可能性が極めて高いと言えます。

こういう場合、一つ一つの事件の真偽だけを追求しようとすると、大事なことを見誤ってしまいます。そもそも、仮にパワハラを受けていたとしても、個人的な恨みだけで信長を殺してしまうでしょうか?

ある程度出世すると、人は自分一人の身体ではなくなってきます。大企業の社長さんと同じで、たくさんの社員とその家族がいるわけです。忠臣蔵の浅野内匠頭のように、先祖代々守ってきた「家」や家臣たちのことを忘れ、その場の勢いで斬りかかるなどということは、普通はありえません。

まして、光秀の場合は自分自身がたたき上げの成り上がりです。信長は怖い人でしたが、実力だけは認めてくれる人です。ぶん殴られても、蹴飛ばされても、その恨みより、自分や家臣たちの「出世」のほうが光秀にとっては大きなことだったはずです。

そう考えながら、有名な「パワハラ事件」を見てみましょう。

稲葉一鉄の家臣を引き抜き、殴られる？

光秀の重臣の一人、斎藤利三はもともと稲葉一鉄の家臣だった人です。それを光秀は、いわばヘッドハンティングしたわけです。しかし、斎藤利三は優秀な人材だったので、稲葉一鉄も黙っていません。「利三を返すよう、光秀に言ってください」と信長に直訴します。信長にとって稲葉一鉄は、美濃を平定するとき重要な役割を果たした大切な人です。そこで、光秀に「利三を一鉄に返せ」と命じますが、光秀は頑なに拒否。怒った信長が、光秀の髪をつかんで頭を床にたたきつけた、というわけです。

カツラ問題は、殴られるより辛い？

光秀がハゲていて、信長から「キンカ頭（キンカンのような頭）」と呼ばれていて、その恨みが積もっていた。だから殺した、という説があります。

さきほどの「斎藤利三引き抜き事件」でも、信長が髪をつかんだとき、光秀の付け髪、つまりカツラが吹っ飛んだとされていますから、光秀は本当に頭頂部が薄かったのかもしれません。ハゲとからかわれて殺したなんて、ほとんどコメディです。

でも、「まず、疑ってみる」という基本に立ち返って真面目に考えてみましょう。

当時の武士たちは、ずっと頭に烏帽子《えぼし》をかぶっています。その烏帽子を外して頭頂部をさらすのは、とても恥ずかしいことでした。

『東北院職人歌合《しょくにんうたあわせ》』という絵巻物には、博打に負けて着物やふんどしまではぎ取られたバクチ打ちが、烏帽子だけは外さず死守している、というコミカルな絵が残っています。それくらい、中世人にとって頭頂部は重要な部位だったわけですね。

そう思って当時の武将たちの肖像画を見ると、烏帽子をつけていない肖像画で一番古いのは、信長のものです。信長は、善くも悪しくも既成概念にとらわれない人です。頭頂部なんて「どうでもいい」と思っていたのかもしれません。そんな信長が、知らずしらずのうちに人を深く傷つけていた可能性はあるでしょう。

武田攻めの後、口がすべって殴られる？

遺恨説でよく語られるのは、甲州で武田攻めを終えた後の宴会でのことです。「私も骨を折った甲斐がありました」という光秀に信長が激怒。「いつお前が骨を折ったんだ！　武田と戦って苦労したのはお前じゃないだろ！」と言って、明智光秀の頭を欄干に何回もゴンゴンぶつけた、という話が残っています。

真偽のほどは定かではありませんが、この事件に関しては光秀にも非がある気がします。家臣団のみんなで頑張って武田攻めを成功させたのに、その宴会の席で「私も骨を折りました」と自分のことだけをアピールしてきたら、私だってちょっとムッとするかもしれません。甲州武田攻めは、「本能寺の変」の三カ月前です。近畿二百四十万石を握る畿内管領になって、光秀もちょっと調子に乗っていたのかもしれません。

徳川家康の接待で、大失態？

殴る・蹴るはなかったものの、大変な恥をかかされたという話もあります。

「本能寺の変」のわずか一カ月前、光秀が徳川家康の接待役を命じられたときのこと。織田信長が様子を見にフラッと来てみたら、一歩門を入った途端、魚の腐った臭いがしたため、「こんなもの、家康に食わせられるか！」と言って、光秀を接待役から解任した。赤っ恥をかいた光秀は、腹立ちまぎれに肴や器を堀に投げ棄て、その悪臭が安土の町中に漂った、というものです。

ただ、『家中法度』などを見てもわかるように、なんでも真面目に細かく処理するタイプの光秀が、魚を腐らせたり、まして腹立ちまぎれに料理や器を外に投げ捨てるなどということは、ちょっと考えられません。

当時のさまざまな史料から、解任されたのは接待役ではなく他の軍役で、「軍役は解任してやるから、おまえは接待役に専念しろ」と言われただけだという説もあります。「本能寺の変」の直前だったことから、いろいろと都合よく話が創作された可能性がかなり高いといえるでしょう。

母を見殺しにされた、積年の恨み？

信長がどんなにひどい男でも、
個人的な恨みで殺すとは考えられない！

天正七年（一五七九年）、丹波攻めのときの話です。

波多野氏の八上城を攻略する際、光秀は「もう勝敗は決まっている。降伏して信長に従うなら悪いようにしない。その証しとして母を人質に差しだそう」と言います。ところが、信長は光秀の母親が人質になっているのを知りながら、波多野氏を殺害。当然、八上城では光秀の母が処刑される。そのときの恨みを忘れられず、信長を討ったというわけです。

この話には、実は人質にしたのは乳母だったなど、複数のバリエーションがあります。しかし、そもそもこんな時に大事な母親を人質にするか？　波多野側は圧倒的に不利だったわけで、もうひと押しで落城なんですよ。現代と戦国時代では常識に大きな開きがあるとしても、設定にかなり無理があります。

【野望説】光秀は天下人になりたかった？

光秀が生きたのは、裏切りや下克上がごく普通に行われていた時代です。だから、光秀も下克上したんじゃないか、という説は昔からありました。江戸時代から昭和の戦前にかけては、この野望説と陰謀説が主流だったと言ってもいいでしょう。

しかし現在では、どちらもあまり人気がありません。光秀が出世欲の塊だったかどうかを検証すると、「そこまでじゃないのでは？」と考えられているからです。

つらい牢人時代を経験した光秀にとって、出世が人生の目標の一つだったことは、容易に想像できます。ただ、丹波攻めを行ったのも、その結果、近畿地方を取り仕切る「畿内管領」になったのも、光秀自身が積極的に望んだことではありません。

次々と新たな課題を与え、それを乗り越えるたびに当時としては考えられないほどの高い地位につけて大抜擢していったのは、むしろ信長のほうです。

また、信長も光秀も抜け目のない合理的な考えの持ち主でしたが、信長にあって光秀にはなかったもの、それは未来へのビジョンです。

信長には「天下布武」という大きな野望があり、具体的なビジョンがありました。だから、既成概念にとらわれずに古い体制をどんどんブチ壊していったわけです。しかし、光秀にはそれほど大きなビジョンがあったかというと、おおいに疑問です。

ただ、光秀が置かれていた環境や状況は、「下克上をしても不思議はない」ものでした。それが、野望説を生んだのではないでしょうか？

連歌で予告していた？

太田牛一が書いた『信長公記《しんちょうこうき》』によれば、「本能寺の変」の二週間前、光秀は信長から「中国地方へ行き、毛利氏と戦っている秀吉の援護をするように」と命じられました。その十日後、亀山城から愛宕《あたご》神社に参詣して二、三度とクジを引き、翌日に連歌師の里村紹巴《じょうは》らと愛宕山で百韻《ひゃくいん》連歌会を催し、次の歌を詠んだといいます。

「ときは今　あめが下しる　五月かな」

「とき（時）」を土岐一族のことだとすれば、「今こそ、土岐氏の人間である私が天下を治める時である」と解釈することが可能です。そこで、クジをひいて占った上で謀反の決断をしたのではないか、とされているわけです。

後に、連歌会に参加していたメンバーは、秀吉から「なぜ、そのとき気づかなかったんだ！」と叱責されたという逸話も残っています。

事件直後から「野望説」がささやかれていた

野望説は「本能寺の変」の直後から噂されていたようです。

さきほどの『信長公記』を書いた太田牛一の『太田牛一雑記』には、「明智日向守光秀、小身たるを、信長公一萬の人持にせられ候處。幾程も無く御厚恩忘れ、欲に耽りて天下之望を成し～」とあります。

「光秀の奴、信長さまの恩を忘れ、天下に野望を抱いて本能寺の変を起こしやがったな」というわけです。当時の社会状況からすれば、そう考えるのが自然だったのかもしれません。あるいは、事件後に秀吉に忖度して追記したのかもしれません。

天下統一は目前で、ちょうど重臣たちがみんな出払っていた

このように、当時から「光秀には天下を取る野望があった」とされるのは、あまりにもタイミングがよすぎたから、ということもあるでしょう。

「本能寺の変」が起こった年の六月、東国での強敵は関東の北条氏と北陸の上杉氏となっていました。

一方、西国では中国地方の毛利氏、四国の長宗我部氏との争いが続いていましたが、それも展望が見える段階に入り、天下統一まであと一歩というタイミングだったわけです。しかも、織田家の重臣たちは、みんな全国各地に出払っていました。

野望説では、抜け目ない光秀は、このタイミングを虎視眈々《たんたん》と狙っていたとされるのですが、時期を見計らっていたにしては、準備や計画性が不十分です。

光秀に天下を取る野望があったとするのは、かなり無理がある。しかるべき準備をしていない。

【前途悲観説】身体も衰え、先が見えてしまった？

前途悲観説は、自分の将来に不安を感じ、「信長にやられる前に、殺しちゃおう」と思ったという説です。

実際、信長は、実力さえあれば誰でも抜擢する一方で、過去に武功を上げた家臣であっても、活躍できなくなったら容赦なくリストラしています。一度も失敗せず、大きな成果を上げ続けていかなければならないというのは、かなりのストレスでしょう。

また、信長が目指す「天下統一」まであと一歩というところまできて、「この先、自分は何をすればいいんだ？」「歳《とし》もとったし、もう用済みなんじゃないか？」と考えてしまうのも、不思議ではありません。いわゆる「燃え尽き症候群」です。

光秀は文武両道において非常に優秀な人物ではありますが、天才・奇才といわれる信長と比べれば、ごく普通の人間です。戦国の世とはいえ長年にわたって大勢の人を殺し、自分も死と紙一重のところで常に極度の緊張状態にあれば、多かれ少なかれ精神的にまいってしまわないほうが不思議です。

とはいえ、自分が不安だから、「やられる前に殺そう」というのは、やっぱり無理があります。もしそう思ったとすれば、それはもう、治療しなければならないレベルの精神疾患です。そこは、歴史学研究者が手を出せない世界なので、これ以上考えても意味がありません。

佐久間信盛が追放され、怖くなった!?

天正八年（一五八〇年）八月、突然、佐久間信盛のもとに信長から「折檻状《せっかんじょう》」が届き、すべての領地を没収された上、高野山《こうやさん》に追放されます。「お前はこのところ何の手柄も立てていない。光秀や秀吉を見てみろ、すごい手柄を立ててるぞ。お前なんか追放だ」というわけです。

信盛は、信長の父の代からの織田家の重臣で、光秀・秀吉ほど派手な功績ではないにしろ、数々の武功を立ててきた人です。信長の長年の懸案事項だった一向宗・石山本願寺の攻略の指揮官を任されたくらいですから、それなりに信頼されていたんでしょう。

しかし、五年もの歳月をかけても、石山本願寺の攻略は遅々として進まず苦戦。結局、しびれを切らした信長が朝廷を通して交渉し、ようやく石山本願寺を降伏させました。折檻状が届いたのは、それからしばらくした頃です。信盛は高野山に居を構えましたが、その一年半後に死去しています。

その後に光秀が任された畿内管領も、もとはといえば信盛が務めていました。信長は、信盛を追放して空白となった席に、光秀を座らせたのです。というか、光秀を座らせるために、信盛を追放したとも考えられます。

光秀が「明日は我が身」と思ったとしても、無理はありません。

教養があり過ぎて、不安になった？

中国には、「狡兎《こうと》死して良狗《りょうく》烹《に》らる」ということわざがあります。ずるがしこいうさぎがみんな狩り尽くされてしまうと、そのうさぎ狩りで使われていた役に立つ猟犬は、もう用済みだから煮てくっちゃえ、という意味です。

中国の歴史を見てみると、王朝の成立の後には必ずといっていいほど、粛清、つまり追放や暗殺が行われます。優秀な人間はいつ謀反を起こすかわからないから、寝首をかかれる前に殺してしまえ、という理屈です。漢《かん》帝国を作った劉邦《りゅうほう》という人はまさにその代表で、自分の家来をたくさん殺しています。また、明《みん》の朱元璋《しゅげんしょう》という人も怖い人で、自分を支えてくれた人のうち、功績の大きい人から順に殺害しています。

光秀は教養人ですから、中国の歴史書を読んでいたんじゃないでしょうか。信長の息子たちが、成長して徐々に重職を任されるようになってきている。抜擢人事をする信長でも、やはり息子は可愛いようだ。となると、自分は左遷される可能性が高いな、と思ったかもしれません。

ちなみに、「なぜ、光秀は信長を殺したか」に関する説の中には、ノイローゼ説、自律神経失調説もあります。いずれも真面目な人ほどかかりやすいといわれる疾患です。

いずれ粛清されるかも！　と考えるのも無理はない。
けれど、だから殺すというのは飛躍しすぎかも。

【非道阻止説】エスカレートする信長の非道を止めろ!

「信長がどうも最近、おかしいぞ。農民を虐殺してみたり、朝廷に失礼なことをやってみたり、大名に対しても情け容赦ない。信長がやっていることは非道だ。それを止めなきゃいけない。ならば、俺しかいないじゃないか」ということで、信長の非道を止めようとしたとするのが、「非道阻止説」です。

もちろん、光秀は信長の非道の数々を一番身近で見ていたはずです。しかし、光秀だって信長と同じ合理主義者です。「比叡山の焼き討ち」では、自ら進んで殺戮《さつりく》を行いました。ですから、「ヤバイ人」とは感じても、「けしからん」と思ったでしょうか？

また、領民や家臣たちに対して情け容赦ない信長を見て、「このままではマズイな」と思ったというのは、あり得る話です。しかし、「朝廷に失礼だから怒った」というのは、どうでしょう。当時、朝廷の権威は地に落ちていました。「自分たちの領地や俸禄を守るのが精一杯」だった当時の武士たちが、朝廷に対してそこまで思い入れがあるというのは、ちょっと無理がある気がします。

「非道阻止説」は、信長を討つ大義名分としては、なかなか説得力があります。とはいうものの、朝廷から「何とかしてほしい」と頼まれていたとすれば別ですが、それを示す根拠となる良質な史料はありません。

信長・信忠親子は、天下の妨げ？

「(信長・信忠) 父子の悪逆、天下の妨げ、討ち果たし候」

これは「非道阻止説」の根拠として紹介される史料の代表格で、光秀が信長の家臣・西尾光教《みつのり》に宛てた手紙です。確かに、「天下の妨げになるから、討ち果たした」とハッキリ書かれています。

ただし、当時の光秀は自分の味方についてくれる家臣を絶賛大募集中でした。この手紙の主目的は「こっちに来ませんか？　どうぞ味方してください」という勧誘だったと考えるのが妥当でしょう。

実際、この手紙が書かれたのとほぼ同時期に細川藤孝宛てに送られたと思われる手紙には、もろに信長に対する恨みが書かれています。

「信長は私（光秀）に度々面目を失わせ、わがままな振舞いばかりしていたので、父子ともに討亡し、鬱積を晴らしました。ですから、ぜひとも軍勢を引き連れて早々に来てください。今後は何でも念には念を入れて話し合いましょう。幸い、摂津国には領主がいないので、もしよかったら、どうぞあなたの領地にしてください」

これでは、非道を阻止するというより、怨恨です。世のため人のため信長を討った、というのではなく、私怨です。その上、もうすっかり天下人気取りで、「領地をあげる」とまで言っています。

これは信頼できる良質な史料として知られる『細川家記（綿考輯録）』に書かれている内容です。だからといって全面的に信じるわけにもいきませんが、これを見る限り、「非道阻止説」はかなりあやしいといわざるを得ません。

武田氏の家臣を匿った僧侶を寺ごと焼き討ち

「非道阻止説」の根拠の一つとして、信長のある「非道」が紹介されることがあります。

天正十年（一五八二年）三月、本能寺の変の三カ月前、甲州征伐により武田氏は滅亡します。このとき、信長に敵対した武士を匿《かくま》った快川紹喜《かいせんじょうき》（土岐氏の出身）という僧侶を、信長は「比叡山の焼き討ち」さながらに、寺ごと焼き討ちにしています。

その「非道」ぶりを見て、信長を殺すしかないと考えたのだろうというわけです。

しかし、もうおわかりのように、光秀自身、「比叡山の焼き討ち」では積極的に焼き討ちを主導していますから、これを根拠とするのはかなり無理があります。

もし、光秀が改心して、「やはり、僧侶を焼き討ちするのはよくないよ」と思っていたとしても、自分のことを棚に上げ、信長を殺してしまうというのは、さすがに都合がよすぎるのではないでしょうか。

信長の非道を「ヤバイ」とは思っていても、「けしからん」とは思っていなかったはず。

【四国説】新史料発見で盛り上がる最有力説！

現在、もっとも有力視されているのが「四国説」。信長の理不尽な四国征伐を止めるため、「本能寺の変」を起こしたという説です。

舞台は四国の土佐。ここ土佐には、土佐統一を目指す優秀な戦国大名、長宗我部元親がいます。ちょうど光秀が丹波攻めに着手したころ、信長は光秀に、長宗我部元親と取り次ぐよう指示します。そして、元親に「四国はあなたに任せます。自分の力で勝ち取った領地は自分のものにしていいですよ」という朱印状を送りました。

実は、元親の正室は、光秀の重臣・斎藤利三の妹です。光秀はおそらく、得意の交渉術で「どうぞ織田家の家臣になってください。そうすれば、信長は領地を奪うような真似はしません。それに、私の腹心の部下の妹はあなたの奥さんじゃありませんか」

などと元親を説得したのでしょう。その提案を受け入れた元親は、その後、信長と親交を深めていきました。

　ところが、信長公認で四国各地を順調に平定していたある日、信長が突然、「やっぱり四国全部はあげられない。土佐と阿波の半分だけあげるから、残りは全部織田家に渡しなさい」と言い出します。当然、元親は「約束が違う！」と拒否しました。取り次ぎ役をつとめた光秀もかなりショックだったでしょう。必死に信長に抗議し、元親にも早まらないよう説得します。そんな光秀の必死の取り次ぎもむなしく、信長と元親の仲は完全に決裂。三男の織田信孝を大将に、重臣の丹羽長秀を戦奉行にすえた大軍団を結成し、総勢一万四千もの織田軍を大坂の港に集結させました。

　そして、軍団がいざ四国征服に出陣！　というその日に、「本能寺の変」が起こったのです。そのため、四国征伐は中止になり、元親は安堵《あんど》します。

　これは単なる偶然ではなく、光秀が信長の四国征伐を阻止するために、信長を殺したというのが、四国説です。

　四国説は以前からあった説ですが、二〇一四年に岡山市の林原《はやしばら》美術館で『石谷家文書《いしがいけもんじょ》』が発見され、一気に注目の的となりました。この文書は、斎藤利三の実兄で光秀の家臣でもあった石谷頼辰《よりとき》の家に代々伝わってきたもので、全四十七通の手紙で構成されています。その中には、「本能寺の変」の直前に書かれたものも複数あり、中でも、次の二つの手紙が四国説を裏付ける証拠として注目されたのです。

苦悩を窺える、斎藤利三・直筆の手紙

斎藤利三が実兄の舅に宛てた手紙には、「元親さまをいさめるため、兄の頼辰を派遣します。どうぞ、元親さまが軽率な行為をしないよう力を貸してください」といった内容が書かれています。

戦争を回避する気だった、長宗我部元親・直筆の手紙

天正十年（一五八二年）五月二十一日＝「本能寺の変」の十日前、元親が斎藤利三に宛てた手紙には、「甲州征伐から信長が帰陣したら、信長の指示に従いたい」という、戦争回避への思いが記されています。

実は、この説には、もう一つの事実が潜んでいます。

四国の阿波には、足利義昭と組んで、幕府再興をもくろんでいた三好三人衆の残党・

三好康長《やすなが》がおり、それなりの勢力を誇っていました。しかし、元親のおかげで領地をすっかり奪われてしまったため、織田家に寝返り、秀吉に接近（秀吉の甥、のちの豊臣秀次《ひでつぐ》が康長の養子に迎えられている）して「長宗我部から阿波を奪い返してほしい」と懇願していました。こうなると、単に織田家と長宗我部氏の争いというだけでなく、光秀と秀吉の戦いにも見えてきます。織田家の重臣のナンバー1は柴田勝家で、ナンバー2の座は秀吉と光秀が競い合っている最中でした。

四国説には、「怨恨説」や「非道阻止説」「秀吉との勢力争い説」「秀吉陰謀説」など、さまざまな要素が絡み合っています。他に大きな目的があって信長を討ったとしても、四国問題は、たしかに動機の一つになっていたのではないでしょうか。

四国説には、怨恨説や非道阻止説、秀吉陰謀説など、さまざまな要素がある。これは本命かも!?

【朝廷黒幕説】信長は天皇を超える存在になろうとしていた？

信長は財政的に逼迫《ひっぱく》していた朝廷を支援する一方で、「天皇家の勅命」を引き出して石山本願寺と講和するなど、持ちつ持たれつの協力関係を維持してきました。

そんななか、両者の間に「三職推任《さんしょくすいにん》問題」が浮上します。三職とは、関白・太政大臣・征夷大将軍の三つの官職のこと。朝廷は、官職をエサにして信長を飼い慣らそうと「本能寺の変」の一年前、一カ月前の二回にわたって「太政大臣などになりませんか？」とすすめたのに、信長はいつまでたってもはっきりした答えを出しません。

普通なら、官職を手に入れて権力を安定させようとするものなのに、「信長って何を考えてるの？　まさか、天皇を超える存在になろうとしてるの？」と、朝廷は次第に信長を不気味に感じ始めます。

そこで、以前から朝廷と良好な関係にあった光秀に、「信長を暗殺して、あなたが天下を取っちゃえば？」とそそのかしたのではないか、というのが朝廷黒幕説です。

戦国時代、室町幕府の衰退とともに朝廷の財政は困窮し、権威もすっかり地に落ちていましたが、信長が経済的支援をすることで息を吹き返しています。

そのため、明治以降、信長は〝天皇を守った勤皇家〟として再評価され、京都に建勲《たけいさお》神社が建立され、神として祀《まつ》られています。こうした事実を見る限り、信長と朝廷は良好な関係にあったとも考えられます。

ちなみに、信長は官職につく気があったのか、朝廷を今後どうしようと思っていたのかは、返答をする前に「本能寺の変」が起こったため謎のままです。


信長は朝廷と良好な関係だった可能性がある。朝廷が信長の暗殺に関わっていたというのは誤解。

【秀吉・家康黒幕説】後に天下を取ったあの人が？

黒幕説のバリエーションは非常に豊富で、秀吉や家康が黒幕だったとする説もあれば、秀吉と家康が共謀して黒幕になっていたという説もあります。

しかしこれらは、「本能寺の変で得をしたのが犯人だ！」という謎解きから生まれた考え方で、根拠はありません。

得をしたといえば、実際に天下を取ったのは秀吉だし、その後、二百六十有余年もの長きにわたって続く徳川幕府を開いたのは家康です。

ほかにも、四国征伐をまぬがれた長宗我部元親、北陸地方で追い詰められていた上杉景勝など、「本能寺の変」で九死に一生を得た武将を数え上げたらきりがありません。

なかには、「本能寺の変は、もともと家康をけむたい存在だと思っていた信長が、家康を暗殺するために計画したが、危機を感じた家康が、光秀と共謀して信長を返り討ちにした」という、非常に大胆な仮説もあって実に面白いと思います。

個人的に気になっているのは、秀吉の「中国大返《おおがえ》し」です。

秀吉は、まるで「本能寺の変」を知っていたんじゃないか、というくらいの猛スピードで山崎まで引き返していきます。逆に、もし「状況がどうなっているのか確かめよう」とゆっくりやっていたら、光秀は負けなかったかもしれない。

歴史に「もしも」はありませんが、もし、そこに秀吉の潜在意識や本能のようなものが、かすかにでも働いていたんじゃないか、などと想像していると、面白くて時間があっという間に過ぎてしまいます。でも、それはあくまでも想像やフィクションの世界の話です。歴史的事実に迫るには、無理のない推論を立てていくべきでしょう。

「誰が得をしたか？」と考えて生まれたフィクション。
歴史に「もしも」はない。

【足利義昭黒幕説】
実は足利義昭が光秀を動かしていた？

「本能寺の変」には黒幕がいた。それは幕府再興を狙う足利義昭で、義昭が光秀と連絡を取り合って計画的に実行したのだ。というのが「足利義昭黒幕説」です。

率直にいうと、この説には非常に無理があります。

まず、光秀が義昭を相手にしただろうか、ということです。

「本能寺の変」が起こった天正十年（一五八二年）当時、義昭は現在の広島県福山市にある鞆《とも》というところに居を構えています。ここで、おそらく毛利氏の援助を受けて生活していたんでしょう。そして、義昭は懲りもせず、全国のあちこちに「幕府再興のため、信長を討ってほしい」「上洛したい」と手紙を書いていました。

しかし、もしそんな手紙がきたとして、本気で相手をする大名がいるでしょうか？

まして、義昭が京都から追放されたとき、光秀は織田軍の一員として、もう誰も義昭の味方をする人がいなくなるまで徹底的に義昭をたたいた張本人です。ふたたび義昭から「やっぱり幕府を再興したいから、もう一度協力してくれ。一緒に信長を討とう」と頼まれたからといって、その気になるとは思えません。

京都追放から十年が経過し、もはや織田政権は天下統一の一歩手前まできています。光秀も、十年前とは比べものにならないほど力をつけ、畿内管領にまで登り詰めています。今さら義昭を支援するメリットなどあるでしょうか？

しかも、義昭をサポートしていた毛利家の主要メンバーは、「本能寺の変」当日、秀吉に包囲されていた備中の高松城を救うべく、戦いの前線にやってきていたのです。もし、義昭と毛利軍がつながっていたなら、秀吉が信長の仇を討つために京都に引き返していくとき、なぜ、毛利軍は秀吉を背後から攻撃しなかったのでしょう？　そうすれば、光秀が「山崎の戦い」で秀吉との戦いに負けることはなかったはずです。

先に述べたように、光秀の重臣には室町幕府の幕臣が見当たりませんでした。これに対して南丹後六万石の大名になった藤孝の細川家には、明智ほどのサラリーを払えないにもかかわらず、松井・米田・沼田・飯河など、幕臣時代の藤孝の同僚が多く仕えています。このことからしても、かつての義昭の家臣団と光秀は、交流はあっても、さほど深い関係ではなかったと見るべきだと思います。ならば、ますます光秀が義昭をかつぐ、という事態は不自然です。

「足利義昭黒幕説」が勢いづいたのは、明智光秀が反織田政権の土橋重治《つちばししげはる》に宛てて送った手紙（書状）の原本が、発見されたのがきっかけでした。

そこには、「上様（将軍）が入洛する（京都に来る）計画ついて、光秀も承知している」と書いてあります。

でもそれは、義昭が京都に上洛して幕府を復活させる計画を、光秀が知っていると書いているだけです。光秀と義昭がしっかり連絡を取り合っていると書いてあるわけではありません。

そもそも、その書状は原本が発見されたというだけで、その写しは昔から東京大学史料編纂所にありました。原本は骨董品としての価値はあるでしょうが、新事実が発見されたわけではないのです。

足利義昭にはもう時代の担い手となる価値はない。
有能な光秀がそれを見抜けぬわけがない。

さて、あなたならどんな仮説を立てますか？
あなたが光秀なら、どんな生き方を選びますか？

歴史的人間・織田信長に選ばれた男

生年を一五二八年だとすれば、光秀は五十五歳で亡くなっています。

私自身もそうですが、五十代になり、それなりの仕事をし、それなりの評価を得てみると、ふと自分の人生を振り返り、「自分はなにか成し遂げられたのかな」、「ちゃんとできていたかな」、「あのとき、ああすればよかったかな」、などと柄にもなくしんみりしてしまうことがあります。

自分にとってなにが大事なのかも、だいたいわかってきます。

だけど、自分の意志とは関係なく、会社や組織、親族や家族、行政など、いってみれば自分をとりまく「社会」というものから、その都度いろんな要請があって、それに応えていかなければならない。

社会の中で生きている以上、誰もがそうやって社会からの要請に応えながら生きているわけですね。

そう思って歴史をみてみると、「自分のやりたいこと」と「社会からの要請」がピッタリ合っていて、時代を大きく変えてしまうような大きな仕事をした人がいたのに気づきます。その代表は何と言っても織田信長でしょう。

もちろん、私のような一般庶民なんかと違って、信長が受けた社会的要請はとんでもなく重要で重大です。それを無視するか、引き受けるかは自由なはずなのに、信長はしっかり受け止め、みごとに成し遂げていく。

そういう人間のことを、私は「歴史的人間」と呼んでいます。

では、光秀も「歴史的人間」なのでしょうか？

信長が追い求めた「天下布武」、つまり天下統一は、信長の野望でありながら、社会からの重大な社会的要請でもあります。その信長に見出され、出世の道を駆け上がっていった光秀は、自分でも気づかないうちに、信長が受けた大きな社会的要請を分担し、支える存在になっていきました。

丹波攻めの頃か、畿内管領になった頃かはわかりませんが、おそらく光秀も、信長が社会を大きく変える「歴史的人間」であり、自分はそれをサポートする人間なのだということに気づいたに違いありません。

その責任の重大さに戸惑い、プレッシャーに押し潰されそうになったかもしれない。しかし、逃げることもできたけれど、逃げなかった。たとえ殴られても蹴られても、信長のそばにいた。

その重圧たるや、いかばかりだったことか。それはもう、私たち現代人が簡単に推し量れるものではないはずです。

これはあくまでも個人的感想ですが、「本能寺の変」の謎にまつわる諸説を改めて見直してみたときに、なにか肝心なものがストンと抜け落ちているような感じがありました。それは、光秀が「歴史的人間」である織田信長のそばで生きた人間なのだという視点が、どこにも感じられなかったからなのかもしれません。

光秀は死んで自由になれたのかもしれない

光秀にとって信長と出会えたことは、人生で一番ラッキーな出来事だったはずです。

でも、出世がある程度のところまできたとき、体力的にも精神的にもスタミナ切れを起こしてしまった。十年以上も極端な緊張感が続いていたんですから、当然です。

私だったら、とっくに逃げ出しています。そういう人間は、決して「歴史的人間」になんてなれません。

でも、光秀は違いました。自分はこれまで「歴史的人間」の手伝いを一生懸命やってきたけれど、もう「天下布武」は目の前で、自分はその中心である畿内管領にまで登り詰めている。もしかしたら、自分だって「歴史的人間」になれるかも、なってみちゃおうかな、と思ったかもしれない。

あるいは、もうここらで「歴史的人間」のお手伝いは卒業して、自分の人生を歩いてみたいと思ったかもしれない。

光秀は大変な愛妻家で、子どもたちのこともとても愛していたようです。重臣や領民をとても大切にしたと言われています。そんな、自分の愛する者たちと、平凡でもいいから穏やかな暮らしをしてみたいと思ったかもしれません。

けれど、光秀もまた、社会の要請から逃れることはできませんでした。

信長が四国の長宗我部元親との約束を反故《ほご》にしたとき、それが決定的となってしまった。自分を支えてきてくれた大切な重臣たちのためにも、もはや、逃げたくても逃げられないと観念したのかもしれませんね。

それとも、「ああ、もうやってられっか！」とプツンと切れてしまい、「思わず信長を殺しちゃった」となったかもしれない。

今のところ、私は光秀の無理のない動機として、この二つを念頭に置いています。

明智光秀がやらなくても、いずれ誰かが信長を討った可能性はある、と私は考えます。信長の側にいた人間には、いつでも信長を討つチャンスがありました。その人物が、第二第三の「本能寺の変」を起こしたのではないか。そう考えるとどうでしょう。

社会的要請から逃げるか否かは、その人の自由です。けれど、いろいろなしがらみがあって、なかなか逃げられない。自由になれない。

私が大好きな楠木正成《くすのきまさしげ》などは、「七回生まれ変わって国のために尽くす」といって死んでいったので、おそらく死んでも自由になれていません。

そういう意味では光秀は、どんな動機があったにせよ、信長を殺すことで初めて自由になれたのかもしれませんね。


戦国時代の人々に比べれば、現代に生きる私たちは、とても自由な世の中で生きています。でも、自分が自由を享受しているにもかかわらず、そのありがたみをしっかりと実感できずに生きています。

自由とはなにか？　それは私にもわかりません。でも、自由というものは、自分が果たすべき役割や使命にきちんと向き合って、初めてその姿を現してくれるのではないでしょうか。

歴史を知り、現代にはない価値観に触れると、かえって今という時代が見えてきます。そして、「自分はどう生きるのか」と問われているような気がしてきます。

だから、歴史は面白いんです。
本書が、そんな歴史とみなさんを結びつける一助となればと心から願っています。

二〇二〇年二月吉日

東京大学史料編纂所教授　本郷和人

取材・文　城所知子
ブックデザイン　石垣由梨(Isshiki)

本郷和人(ほんごう・かずと)
1960年東京都生まれ。東京大学史料編纂所教授。専門は日本中世史。大河ドラマ『平清盛』など、ドラマ、アニメ、漫画の時代考証にも携わる。主な著書に『日本史のツボ』(文藝春秋)、『乱と変の日本史』(祥伝社)、『空白の日本史』(扶桑社)、監修に『東大教授がおしえる やばい日本史』(ダイヤモンド社)など。著書多数。

誤解だらけの明智光秀

2020年2月20日　第1刷発行

著　者　本郷和人
発行者　鉄尾周一

発行所　株式会社マガジンハウス
〒104-8003　東京都中央区銀座3-13-10
書籍編集部　☎03-3545-7030
受注センター　☎049-275-1811
印刷・製本所　株式会社リーブルテック

マガジンハウスのホームページhttp://magazineworld.jp/

ISBN978-4-8387-3082-7 C0021